大方廣佛華嚴經

일러두기

1. 『대방광불화엄경 강설』 원문原文의 저본底本은 근세에 교정이 가장 잘 되었다고 정평이 나 있는 대만臺灣의 불타교육기금회佛陀教育基金會에서 출판한 『화엄경소초華嚴經疏鈔』본입니다.

2. 『대방광불화엄경 강설』은 실차난타實叉難陀가 695년부터 699년까지 4년에 걸쳐 번역해 낸 80권본卷本 『대방광불화엄경』을 우리말로 옮기고 강설을 붙인 것입니다.

3. 『대방광불화엄경』은 애초 산스크리트에서 한역漢譯된 경전이지만 현재 산스크리트 본은 소실된 상태입니다. 산스크리트를 음차한 경우 굳이 원래 소리를 표기하려고 하기보다는 『표준국어대사전』이나 『불교사전』 등에 등재된 한자음을 사용하는 것을 원칙으로 하였습니다.

4. 경문의 한글 번역은 동국역경원본을 참고하여 그대로 또는 첨삭을 하며 의미대로 번역하고 다듬었습니다.

5. 각 품마다 내용에 따라 단락을 나누고 제목을 달았습니다. 단락의 제목은 주로 청량清涼스님의 견해에 기초하였고 이통현李通玄장자의 견해를 참고로 하였습니다.

6. 『대방광불화엄경 강설』의 발행 순서는 한역 경전의 편재 순서를 기준으로 하였고 각 권은 단행본 한 권씩으로 출간될 예정이며 모두 80권으로 완간됩니다. 다만 80권본에 빠져 있는 「보현행원품」은 80권본 완역 및 강설 후 시리즈에 포함돼 추가될 예정입니다.

7. 『대방광불화엄경 강설』 안에서 불교용어를 풀이한 것은 운허스님이 저술하고 동국역경원에서 편찬한 『불교사전』을 인용하였습니다.

8. 각주의 청량스님의 소疏는 대만에서 입력한 大方廣佛華嚴經 사이트의 것을 사용하였습니다.

9. 『대방광불화엄경 강설』 입법계품에 들어가는 문수지남도는 북송北宋시대 불국佛國 선사가 선재동자가 53명의 선지식을 친견하여 법을 구하는 장면을 하나하나 그림으로 그린 것입니다.

대방광불화엄경 강설
제 8 권

五. 화장세계품 華藏世界品 1

실차난타 實叉難陀 한역
무비스님 강설

서문

허공이 대각大覺 가운데서 생기게 된 것이

마치 바다에서 물거품이 하나 일어난 듯하고

작은 먼지같이 무수한 유루有漏 국토들[은하]이

모두 허공을 의지하여 생겼도다.

물거품이 소멸하면 허공도 본래 없거늘

하물며 다시 삼유三有가 있겠는가?

공생대각중　여해일구발
空生大覺中　如海一漚發

유루미진국　개의공소생
有漏微塵國　皆依空所生

구멸공본무　황부제삼유
漚滅空本無　況復諸三有

『능엄경』

예컨대 무한한 허공이 작은 물거품이라면 인간의 깨달은 마음은 태평양 바다입니다. 그 물거품이라는 무한한 허공에 다시 또 무수한 우주가 있는데 그중 어느 변두리에 우리가 사는 작은 우주가 있습니다. 그 작은 우주 안에 미세먼지만 한 은하계들이 있고, 다시 또 미세먼지보다 몇 억분의 1만큼이나 작은 태양계 안에 우리들의 지구가 있습니다.

그렇다면 6척 단구 나는 무엇인가?

인허진隣虛塵인가?

우주의 작은 세포인가?

보현보살은 2천6백여 년 전에 허블우주망원경이나 보이저와 같은 우주탐사선도 없이 수억만 광년의 거리를 순식

간에 왕래하여 거대 우주인 화장세계를 낱낱이 확인하면서 모두 거리를 재고 생긴 모습들을 살펴 가며 이름을 붙였습니다. 대각大覺이라는 지혜의 눈과 대각이라는 우주선을 이용하여 무한한 우주를 누비고 다녔습니다.

그것의 기록이 화장장엄세계입니다. 21세기까지 발달한 천체물리학도 아직은 살펴보지 못한 우주론입니다. 깨닫지 못한 인간의 지혜는 언제쯤이나 보현보살의 우주 이론에 이르게 되는지요.

무한의 마음 위에 무한의 우주가 건립되어 있습니다. 이제 우리들의 눈을 이 작은 모래알만 한 지구에서 지구 전체에 있는 모래 수보다도 수억만 배나 많은 화장장엄세계로 돌려서 무한의 우주 밖으로 향해야 할 것입니다. 그것이 이 화장세계품을 공부하는 방법입니다. 또한 화엄경을 읽는 우리들의 마음이 무한으로 확대되는 길입니다.

2014년 5월 15일

신라 화엄종찰 금정산 범어사

如天 無比

대방광불화엄경 목차

제1권	1. 세주묘엄품世主妙嚴品 [1]	제18권	18. 명법품明法品
제2권	1. 세주묘엄품世主妙嚴品 [2]	제19권	19. 승야마천궁품昇夜摩天宮品
제3권	1. 세주묘엄품世主妙嚴品 [3]		20. 야마천궁게찬품夜摩天宮偈讚品
제4권	1. 세주묘엄품世主妙嚴品 [4]		21. 십행품十行品 [1]
제5권	1. 세주묘엄품世主妙嚴品 [5]	제20권	21. 십행품十行品 [2]
제6권	2. 여래현상품如來現相品	제21권	22. 십무진장품十無盡藏品
제7권	3. 보현삼매품普賢三昧品	제22권	23. 승도솔천궁품昇兜率天宮品
	4. 세계성취품世界成就品	제23권	24. 도솔궁중게찬품兜率宮中偈讚品
제8권	**5. 화장세계품華藏世界品 [1]**		25. 십회향품十廻向品 [1]
제9권	5. 화장세계품華藏世界品 [2]	제24권	25. 십회향품十廻向品 [2]
제10권	5. 화장세계품華藏世界品 [3]	제25권	25. 십회향품十廻向品 [3]
제11권	6. 비로자나품毘盧遮那品	제26권	25. 십회향품十廻向品 [4]
제12권	7. 여래명호품如來名號品	제27권	25. 십회향품十廻向品 [5]
	8. 사성제품四聖諦品	제28권	25. 십회향품十廻向品 [6]
제13권	9. 광명각품光明覺品	제29권	25. 십회향품十廻向品 [7]
	10. 보살문명품菩薩問明品	제30권	25. 십회향품十廻向品 [8]
제14권	11. 정행품淨行品	제31권	25. 십회향품十廻向品 [9]
	12. 현수품賢首品 [1]	제32권	25. 십회향품十廻向品 [10]
제15권	12. 현수품賢首品 [2]	제33권	25. 십회향품十廻向品 [11]
제16권	13. 승수미산정품昇須彌山頂品	제34권	26. 십지품十地品 [1]
	14. 수미정상게찬품須彌頂上偈讚品	제35권	26. 십지품十地品 [2]
	15. 십주품十住品	제36권	26. 십지품十地品 [3]
제17권	16. 범행품梵行品	제37권	26. 십지품十地品 [4]
	17. 초발심공덕품初發心功德品	제38권	26. 십지품十地品 [5]

제39권	26. 십지품十地品 [6]		제58권	38. 이세간품離世間品 [6]
제40권	27. 십정품十定品 [1]		제59권	38. 이세간품離世間品 [7]
제41권	27. 십정품十定品 [2]		제60권	39. 입법계품入法界品 [1]
제42권	27. 십정품十定品 [3]		제61권	39. 입법계품入法界品 [2]
제43권	27. 십정품十定品 [4]		제62권	39. 입법계품入法界品 [3]
제44권	28. 십통품十通品		제63권	39. 입법계품入法界品 [4]
	29. 십인품十忍品		제64권	39. 입법계품入法界品 [5]
제45권	30. 아승지품阿僧祇品		제65권	39. 입법계품入法界品 [6]
	31. 여래수량품如來壽量品		제66권	39. 입법계품入法界品 [7]
	32. 보살주처품菩薩住處品		제67권	39. 입법계품入法界品 [8]
제46권	33. 불부사의법품佛不思議法品 [1]		제68권	39. 입법계품入法界品 [9]
제47권	33. 불부사의법품佛不思議法品 [2]		제69권	39. 입법계품入法界品 [10]
제48권	34. 여래십신상해품如來十身相海品		제70권	39. 입법계품入法界品 [11]
	35. 여래수호광명공덕품 如來隨好光明功德品		제71권	39. 입법계품入法界品 [12]
			제72권	39. 입법계품入法界品 [13]
제49권	36. 보현행품普賢行品		제73권	39. 입법계품入法界品 [14]
제50권	37. 여래출현품如來出現品 [1]		제74권	39. 입법계품入法界品 [15]
제51권	37. 여래출현품如來出現品 [2]		제75권	39. 입법계품入法界品 [16]
제52권	37. 여래출현품如來出現品 [3]		제76권	39. 입법계품入法界品 [17]
제53권	38. 이세간품離世間品 [1]		제77권	39. 입법계품入法界品 [18]
제54권	38. 이세간품離世間品 [2]		제78권	39. 입법계품入法界品 [19]
제55권	38. 이세간품離世間品 [3]		제79권	39. 입법계품入法界品 [20]
제56권	38. 이세간품離世間品 [4]		제80권	39. 입법계품入法界品 [21]
제57권	38. 이세간품離世間品 [5]		제81권	40. 보현행원품普賢行願品

대방광불화엄경 강설 제8권

五. 화장세계품 華藏世界品 1

1. 화장세계의 인과 ········· 18
2. 풍륜 ········· 21
3. 향수해와 큰 연꽃 ········· 25
4. 화장장엄세계바다 ········· 27
1) 게송으로 거듭 밝히다 ········· 28
   (1) 화장세계의 원인 ········· 28
2) 화장세계의 결과 ········· 30
   (1) 풍륜 ········· 30
   (2) 향수해 ········· 31
   (3) 연꽃 ········· 32
   (4) 세계의 자재 ········· 34

5. 대윤위산 ········· 36
1) 대윤위산의 의주와 체상 ········· 36
2) 게송으로 거듭 밝히다 ········· 38
   (1) 대윤위산의 체상과 장엄 ········· 39
   (2) 묘용이 자재하다 ········· 43

6. 대지 ········· 48
1) 대지의 체상 ········· 48

2) 게송으로 거듭 밝히다 ················· 51
　　　(1) 대지의 체상 ····················· 52
　　　(2) 도량의 자재 ····················· 58

7. 대지 중의 향수해 ························ 61
　1) 향수해의 체상 ························ 61
　2) 향수해의 장엄 ························ 63
　3) 게송으로 거듭 밝히다 ················· 66
　　　(1) 향수해의 체상 ··················· 66
　　　(2) 향수해의 장엄 ··················· 68

8. 향수하 ·································· 75
　1) 향수하의 장엄 ························ 75
　2) 게송으로 거듭 밝히다 ················· 78

9. 향수하의 사이 장엄 ······················ 86
　1) 연꽃과 수림의 장엄 ··················· 86
　2) 마니보석왕 장엄 ······················ 88
　3) 게송으로 거듭 밝히다 ················· 90
　　　(1) 수림의 장엄 ····················· 91
　　　(2) 흰 연꽃 ························· 96
　　　(3) 장엄의 원인 ····················· 97

10. 장엄을 모두 맺다 ······················ 100
　1) 공덕으로 장엄한 것 ·················· 100
　2) 게송으로 거듭 밝히다 ················ 101

(1) 장엄과 수승 ··· 102
  (2) 인에 대한 과 ··· 106

11. 세계종 ·· 110
  1) 세계종의 세계 ·· 110
  2) 세계종의 십문 ·· 112
  3) 세계종의 10종 의주 ································· 114
  4) 세계종의 20종 형상 ································· 116
  5) 세계종의 20종 체성 ································· 118
  6) 게송으로 거듭 밝히다 ······························ 121
    (1) 의주 ··· 122
    (2) 형상 ··· 122
    (3) 체성 ··· 123
    (4) 서로 섭입함 ······································· 124
    (5) 중생 조복 ··· 126
    (6) 불보살 충만 ······································· 127

12. 화장세계의 규모 1 ··································· 129
  1) 향수해의 소재 ·· 129
  2) 중앙의 무변향수해 ··································· 130
    (1) 연화장엄 ··· 130
    (2) 20층의 세계 ······································· 132
      1〉 제1층에서 제10층 ···························· 132
        〈1〉 제1층 ··· 132

〈2〉 제2층 ································ 134
　　　〈3〉 제3층 ································ 135
　　　〈4〉 제4층 ································ 136
　　　〈5〉 제5층 ································ 137
　　　〈6〉 제6층 ································ 139
　　　〈7〉 제7층 ································ 140
　　　〈8〉 제8층 ································ 141
　　　〈9〉 제9층 ································ 142
　　　〈10〉 제10층 ······························ 143
　　2〉 제11층에서 제20층 ························ 144
　　　〈1〉 제11층 ······························· 144
　　　〈2〉 제12층 ······························· 146
　　　〈3〉 제13층의 사바세계 ···················· 147
　　　〈4〉 제14층 ······························· 148
　　　〈5〉 제15층 ······························· 149
　　　〈6〉 제16층 ······························· 150
　　　〈7〉 제17층 ······························· 152
　　　〈8〉 제18층 ······························· 153
　　　〈9〉 제19층 ······························· 154
　　　〈10〉 제20층 ······························ 155
(3) 총결론 ··· 156
(4) 세계의 종종형상 ································ 158

대방광불화엄경 강설

제8권

五. 화장세계품 1

화장세계는 화장장엄세계다. 청량淸凉국사는 "범어본을 그대로 다 기록하면 화장장엄 엄구세계해지변청정 공덕해광명품華藏莊嚴嚴具世界海之徧淸淨功德海光明品이라고 해야 하나 번역한 사람이 번잡한 것을 싫어하여 크게 생략한 것이다."[1]라고 하였다. 화엄경의 안목으로 본다면 우리가 사는 세계는 아름다운 꽃을 가득 채워 여러 가지 모습으로 꾸미고 장엄한 세계라는 뜻이다. 경전에서는 이 아름답고 상상할 수 없으리만치 광대한 세계는 비로자나 부처님이 과거에 부처가 되기 위하여 수행을 할 때에 이루 다 말할 수 없이 엄청난 큰 서원으로 청정하게 장엄한 것이라고 설하였다.

보현보살은 세계바다가 생긴 모양을 이렇게 말하였다. "화장장엄세계는 처음에 풍륜이 있고, 그 풍륜 위에 향수해가 있고, 그 향수해에 큰 연꽃이 있고, 그 연꽃 가운데 화장장엄세계가 있다. 그리고 그 세계를 사방으로 돌아가면서 다이아몬드로 된 대윤위산이 있다. 또 대윤위산 안에 큰 땅이 있고, 그 큰 땅에 다시 향수해가 있다. 큰 땅에서 사이사

---

1) 準梵本 具云華藏莊嚴嚴具世界海之徧淸淨功德海光明品. 譯者嫌繁, 乃成太略. 處中應云蓮華藏莊嚴世界海品.

이로 무수한 향수하香水河가 있어서 향수해로 흘러든다. 한량없는 향수해 가운데 또 연꽃이 있고, 그 연꽃 위에 무수한 세계종世界種이 있고, 하나하나의 세계종마다 또 말할 수 없이 많은 세계가 있다."

　이 모든 세계는 보통 사람으로서도 이르러 갈 수 있는 최궁극적 정신 차원에 이른 비로자나 부처님의 경지에서 본 세계로 화장장엄세계라고 하였다. 불교의 경전에서 극락세계, 용화세계 등 여러 가지 세계를 말하고 있으나 화장장엄세계가 가장 이상적인 세계라고 한다. 그래서 사람이 사는 지상에서도 환상적으로 아름다운 세계를 만나면 "꼭 화장장엄세계와 같다."라고 하는 것이다.

1. 화장세계의 인과

爾時ᅟ에 普賢菩薩이 復告大衆言ᄒᆞ사대 諸佛子야
이시   보현보살   부고대중언   제불자

此華藏莊嚴世界海는 是毘盧遮那如來가 往昔於
차 화장장엄세계해 시비로자나여래 왕석어

世界海微塵數劫에 修菩薩行時에 一一劫中에 親
세계해미진수겁   수보살행시   일일겁중 친

近世界海微塵數佛ᄒᆞ사 一一佛所에 淨修世界海
근세계해미진수불   일일불소 정수세계해

微塵數大願之所嚴淨이니라
미진수대원지소엄정

그때에 보현보살이 다시 대중에게 말하였습니다.

"모든 불자들이여, 이 화장장엄세계바다는 비로자나여래께서 지난 옛적 세계바다 미진수 겁 동안에 보살행을 닦을 때에 낱낱 겁 가운데서 세계바다 미진수의 부처님을 친근親近하고 그 낱낱 부처님 처소에서 세계바다 미진수의 큰 서원을 청정하게 닦아서 엄정嚴淨한 것이니라."

앞으로 펼쳐질 상상할 수 없는 화장장엄세계바다는 어떠한 인연과 수행 공덕으로 장엄된 것인가를 밝혔다. 세상에는 사람마다 각자의 특수한 인연과 경제력 등으로 인하여 자신이 사는 환경이 만들어진다. 즉, 대한민국의 부산 금정산 범어사 화엄전에 사는 필자는 이곳에 살게 된 수많은 인연에 의하여 지금 여기에 살고 있다. 이와 같이 각자가 사는 환경과 장소는 모두 그 사람의 인연 공덕에 의한 것이다.

비로자나 부처님께서도 과거 무수한 세월 동안 보살행을 닦을 때에 낱낱 겁 가운데서 세계바다 미진수와 같이 많은 모든 사람, 모든 생명을 부처님으로 친근 공양 공경하고 존중 찬탄한 크나큰 서원으로 인하여 아래와 같은 어마어마한 화장장엄세계바다가 장엄되었다고 하였다.

그러나 이 화장장엄세계를 단순히 부처님의 원력에 의한, 또는 부처님의 눈으로 본 세계라고만 생각할 것이 아니다. 오늘날 발달한 천체물리학의 관점에서 본 우주 이론과 대비해서 생각해 보면 아주 흥미로울 것이다. 즉, 화엄경을 위에 두고 칼 세이건(Carl Edward Sagan, 1934~1996)이 쓴 『코스모스』[2]를 밑에다 두고 함께 읽는다면 말이다.

---

[2] 우리는 어디에서 왔으며, 어디로 가는 것일까? 우주는 무한하며 영원한 존재일까? 하늘에 빛나고 있는 별들은 과연 무엇일까? 살아가면서 누구나 한번쯤은 생각해 보았을 문제들이다. 하지만 짊어지고 있는 삶의 무게에 눌려 이런 문제들은 늘 저 멀리로 밀려났을 것이다. 그러나 우리들 하나하나가 모두 우주를 구성하고 있는 소중한 존재들이며, 진화를 거듭하여 우주를 객관화해서 바라볼 수 있는 지성을 가지게 된 이상 우리는 언제나 이러한 존재론적 호기심에서 벗어날 수는 없다.
칼 세이건의 『코스모스』는 이러한 호기심에 대한 궁극적 답변은 아닐지라도 현재 인류의 지식으로 얻을 수 있는 최상의 답을 들려준다. 과학적 지식이 부족했던 옛날에는 인류의 기원과 우주의 존재에 대해 신의 창조물이라느니 하는 관념적 답변에 만족할 수 있었을지 몰라도 수많은 열정적 과학자들의 노력 덕분으로 이제 우리는 그에 대해 상당히 근사한 답을 알게 되었다. 이는 비단 머리 좋은 과학자들만의 전유물은 아니다. 이제 보통 사람들도 한 세기 전에는 천재적 과학자들만이 이해했던 과학적 지식들을 상식으로 지니게 되었다. 우리 인류는 더 나아가 우주의 기원에 대해 밝혀 내기 시작했고, 지구와 인류가 우주에서 더 이상 특별한 존재가 아님을 이해하기 시작했다. 현대 과학이 밝혀 온 우주의 신비에 대해 더 자세히 알고 싶다면 칼 세이건의 『코스모스』가 그 대답이 될 수 있을 것이다.
(책 속에서) 대폭발에서 은하단, 은하, 항성, 행성으로 이어지고, 결국 행성에서 생명이 출현하게 되고 생명은 곧 지능을 가진 생물로 진화하게 된다. 물질에서 출현한 생물이 의식을 지니게 되면서 자신의 기원을 대폭발의 순간까지 거슬러 올라가 인식할 수 있다니, 이것이 우주의 대서사시가 아니고 또 무엇이겠는가!(『코스모스』, 사이언스북스, 487쪽)

2. 풍륜風輪

제불자 차화장장엄세계해 유수미산미진
諸佛子야 **此華藏莊嚴世界海**가 **有須彌山微塵**

수풍륜소지 기최하풍륜 명평등주 능지
數風輪所持하니 **其最下風輪**은 **名平等住**니 **能持**

기상일체보염치연장엄 차상풍륜 명출생
其上一切寶焰熾然莊嚴하며 **次上風輪**은 **名出生**

종종보장엄 능지기상정광조요마니왕당
種種寶莊嚴이니 **能持其上淨光照耀摩尼王幢**하며

차상풍륜 명보위덕 능지기상일체보령
次上風輪은 **名寶威德**이니 **能持其上一切寶鈴**하며

차상풍륜 명평등염 능지기상일광명상마
次上風輪은 **名平等焰**이니 **能持其上日光明相摩**

니왕륜 차상풍륜 명종종보장엄 능지기
尼王輪하며 **次上風輪**은 **名種種寶莊嚴**이니 **能持其**

상광명륜화
上光明輪華하니라

"모든 불자들이여, 이 화장장엄세계바다는 수미산 미진수의 풍륜風輪이 있어서 유지하는 것이다. 가장 밑에 있는 풍륜은 이름이 평등주平等住다. 그 위에는 온갖 보배불꽃이 치성한 장엄을 유지하고 있다. 또 그 다음 위의 풍륜은 이름이 출생종종보장엄出生種種寶莊嚴이다. 그 위에는 청정한 광명이 밝게 비치는 마니왕깃대를 유지하고 있다. 또 그 다음 위의 풍륜은 이름이 보위덕寶威德이다. 그 위에는 온갖 보배방울을 유지하고 있다. 또 그 다음 위의 풍륜은 이름이 평등염平等焰이다. 그 위에는 햇빛처럼 밝은 모양의 마니왕바퀴를 유지하고 있다. 또 그 다음 위의 풍륜은 이름이 종종보장엄種種寶莊嚴이다. 그 위에는 광명바퀴꽃을 유지하고 있느니라."

次上風輪은 名普淸淨이니 能持其上一切華焰獅子座하며 次上風輪은 名聲徧十方이니 能持其上一切珠王幢하며 次上風輪은 名一切寶光明이니

能持其上一切摩尼王樹華하며 次上風輪은 名速
疾普持니 能持其上一切香摩尼須彌雲하며 次上
風輪은 名種種宮殿遊行이니 能持其上一切寶色
香臺雲하니라

 "또 그 다음 위의 풍륜은 이름이 보청정普淸淨이다. 그 위에는 온갖 꽃불길사자좌를 유지하고 있다. 또 그 다음 위의 풍륜은 이름이 성변시방聲偏十方이다. 그 위에는 온갖 구슬왕깃대를 유지하고 있다. 또 그 다음 위의 풍륜은 일체보광명一切寶光明이다. 그 위에는 온갖 마니왕나무꽃을 유지하고 있다. 또 그 다음 위의 풍륜은 이름이 속질보지速疾普持다. 그 위에는 온갖 향마니수미구름을 유지하고 있다. 또 그 다음 위의 풍륜은 이름이 종종궁전유행種種宮殿遊行이다. 그 위에는 온갖 보배향대香臺구름을 유지하고 있느니라."

 화장장엄세계를 구성하고 있는 모습을 밝혔다. 화장장

엄세계는 먼저 10층이나 되는 바람바퀴인 풍륜이 떠받치고 있다고 하였다. 그 층마다 모두 구체적인 이름이 있다. 평등주平等住, 출생종종보장엄出生種種寶莊嚴, 보위덕寶威德과 같은 이름들이다. 그리고 그 풍륜들 위에는 다시 엄청난 장엄들을 펼치어 유지하고 있다. 그 장엄 위에 다시 다음의 풍륜이 있고, 그 풍륜 위에는 또 다른 장엄들을 펼치어 유지하고 있다. 이와 같은 것이 매 층의 풍륜마다 한결같다. 아마도 10층이나 되는 층마다의 거리는 10억 광년은 될 것이다.

세계를 떠받치고 있는 것이 왜 하필이면 바람바퀴[風輪]인가? 세계란 본래로 그 어디에도 의지하는 바가 없다. 그러나 중생의 입장에서 보면 망상妄想의 바람으로 인하여 세계가 있고, 장엄이 있고, 중생이 있게 되었기 때문이다. 또 부처님의 입장에서 보면 중생들을 위하는 큰 원력의 바람으로 인하여 세계가 있고, 대자비의 물이 있고, 끝없는 보현행의 아름다운 꽃을 피우기 때문이다.

3. 향수해와 큰 연꽃

<small>제불자　　피수미산미진수풍륜　　최재상자</small>
諸佛子야 **彼須彌山微塵數風輪**의 **最在上者**는

<small>명수승위광장　　　능지보광마니장엄향수해</small>
名殊勝威光藏이니 **能持普光摩尼莊嚴香水海**어든

<small>차향수해　유대연화　　명종종광명예향당</small>
此香水海에 **有大蓮華**하니 **名種種光明蘂香幢**이니라

"모든 불자들이여, 저 수미산 미진수와 같이 많은 풍륜 중에 가장 위에 있는 것은 이름이 수승위광장殊勝威光藏이다. 능히 보광마니장엄향수해普光摩尼莊嚴香水海를 유지하여 있느니라. 이 향수해에 큰 연꽃이 있으니 이름이 종종광명예향당種種光明蘂香幢이니라."

우리가 사는 이 화장장엄세계는 맨 밑에 풍륜이 무수히 많이 있는데 그중에서 10층의 이름을 들고 다시 가장 위에 있는 풍륜과 그 풍륜 위에 있는 향수해를 소개하였다. 그리

고 이제 우리들과 친숙한 큰 연꽃이 있음을 알렸다. 그러고 보면 우리가 사는 이 화장장엄세계의 근본은 향수해 위에 솟아 있는 큰 연꽃이다. 연꽃의 크기는 지름이 1백억 광년이 될 것이다. 그렇다면 향수해의 크기는 얼마나 될까?

연꽃이란 부처님이 깨달음의 안목으로 바라본 이 세상이다. 연꽃은 비록 시궁창과 같이 혼탁한 진흙탕 속에서 피지만, 연잎도 연꽃도 진흙물에 젖지 않고 향기롭고 고결하고 청정하고 아름답게 그 자태를 뽐내고 있듯이, 사람 사람들의 삶도 비록 때로는 진흙탕 속에서 허우적대며 살지만 그 본성은 향기롭고 고결하고 청정하고 아름답다는 의미다. 달리 표현하면 우리는 모두 부처인 중생이며, 중생인 부처다. 사람이 그대로 부처님이라는 인불사상 人佛思想의 뿌리도 바로 그것이다. 불교는 이와 같은 사실을 사람들에게 깨우쳐 보이는 가르침이다. 그래서 연꽃을 불교를 상징하는 꽃이라 한다.

4. 화장장엄세계바다

華藏莊嚴世界海(화장장엄세계해)가 住在其中(주재기중)하니 四方(사방)이 均平(균평)하고 淸淨堅固(청정견고)하며 金剛輪山(금강륜산)이 周币圍繞(주잡위요)하고 地海衆樹(지해중수)가 各有區別(각유구별)하니라

"화장장엄세계바다가 그 연꽃 가운데 안주하고 있는데 사방이 골고루 평탄하며 청정하고 견고하였느니라. 금강륜산金剛輪山이 두루 에워쌌으며 땅과 바다와 온갖 나무들이 각각 구별되어 있느니라."

비로소 화장장엄세계다. 화장장엄세계는 연꽃 위에 있는데 사방은 평탄하고 청정하고 견고한 땅이다. 다이아몬드로 된 산이 두루 에워싸고 있다. 땅과 바다와 산과 나무들까지 두루 다 갖추었다.

1) 게송으로 거듭 밝히다

是時_에 普賢菩薩_이 欲重宣其義_{하사} 承佛神力_{하사} 觀察十方_{하고} 而說頌言_{하사대}

(시시) (보현보살) (욕중선기의) (승불신력) (관찰시방) (이설송언)

이때에 보현보살이 그 뜻을 거듭 펴려고 부처님의 위신력을 받들어 시방을 관찰하고 게송을 설하였습니다.

(1) 화장세계의 원인

世尊往昔於諸有_에 微塵佛所修淨業_{이실새}
(세존왕석어제유) (미진불소수정업)

故獲種種寶光明_인 華藏莊嚴世界海_{로다}
(고획종종보광명) (화장장엄세계해)

세존께서 지난 옛적 여러 세상에서
미진수의 부처님 처소에서 청정한 업을 닦아서
가지가지 보배광명으로 된
화장장엄세계바다를 얻으시었네.

광 대 비 운 변 일 체   사 신 무 량 등 찰 진
廣大悲雲徧一切하사   **捨身無量等刹塵**하시니

이 석 겁 해 수 행 력   금 차 세 계 무 제 구
以昔劫海修行力으로   **今此世界無諸垢**로다

넓고 큰 자비구름 일체에 두루 하사

몸을 버린 것이 한량없어 티끌 수와 같네.

옛적의 겁 바다에서 수행하신 힘으로

지금 이 세계에 더러움이 없도다.

화장장엄세계가 그토록 아름답고 화려하고 훌륭한 것은 모두가 지난 옛적에 세존께서 청정한 업을 닦으신 결과이다. 광대한 자비심으로 중생들을 위하여 몸을 버린 것이 한량없는 세계의 작은 먼지 수효와 같다. 이 몸을 다른 사람을 위해서 한 번만 버려도 그 공덕이 무량하거늘 작은 먼지 수효와 같은 것이겠는가. 사람들이 사는 환경도 남보다 조금 우수하다면 그만큼 공을 들이고 희생을 치른 결과이리라.

2) 화장세계의 결과

(1) 풍륜風輪

방대광명변주공
放大光明徧住空하니

풍력소지무동요
風力所持無動搖라

불장마니보엄식
佛藏摩尼普嚴飾하니

여래원력영청정
如來願力令淸淨이로다

보산마니묘장화
普散摩尼妙藏華하니

이석원력공중주
以昔願力空中住라

큰 광명을 놓아 허공에 두루 머무니
풍력風力으로 유지하여 동요가 없고
부처님이 새겨진 마니보석으로 널리 꾸미니
여래의 원력으로 청정케 하며
마니보석에 아름답게 새겨진 꽃을 널리 흩으니
옛적의 원력으로 허공에 머물도다.

앞의 산문에서 밝힌, 풍륜이 세계를 유지하였다는 내용이다. 여기서 새로운 점은 큰 광명을 놓아 허공에 두루 하였다는 것과 부처님이 새겨진 마니보석으로 장식하였다는 것이다. 게송은 언제나 산문에서 충분히 설명하지 못하고 빠진 점들을 보완하는 경우가 많다. 그러므로 게송으로 거듭 밝힌다 하더라도 또 새로운 설명이 반드시 부연된다.

(2) 향수해香水海

종 종 견 고 장 엄 해　　　광 운 수 포 만 시 방
種種堅固莊嚴海어　　　**光雲垂布滿十方**이로다

제 마 니 중 보 살 운　　　보 예 시 방 광 치 연
諸摩尼中菩薩雲이　　　**普詣十方光熾然**이어든

가지가지 견고한 장엄바다에
광명구름 펼쳐져서 시방에 가득하네.
온갖 마니보석 속에 보살구름이
시방에 널리 나아가 그 빛이 밝고 밝도다.

향수해가 가지고 있는 덕을 밝혔다. "온갖 마니보석 속에 보살구름이 시방에 널리 나아가 그 빛이 밝고 밝도다."라고 한 표현은 과연 절창이다.

(3) 연꽃

광염성륜묘화식　　　　　법계주류미불변
光焰成輪妙華飾하니　　　**法界周流靡不徧**이로다

일체보중방정광　　　　　기광보조중생해
一切寶中放淨光하니　　　**其光普照衆生海**라

광채가 바퀴를 이뤄 아름다운 꽃으로 꾸미니

법계에 두루 흘러 가득하도다.

일체 보석에서 청정한 빛을 놓으니

그 빛이 중생바다를 널리 비추도다.

시방국토개주변　　　　　함령출고향보리
十方國土皆周徧하야　　　**咸令出苦向菩提**로다

보중불수등중생　　　　　종기모공출화형
寶中佛數等衆生하사　　　**從其毛孔出化形**하시니

시방 국토에 다 두루 해서

모두 고통에서 벗어나 보리에 향하게 하네.

보배 속의 부처님 수 중생과 같아서

그 모공毛孔에서 변화한 형상을 내도다.

범주제석륜왕등	일체중생급제불
梵主帝釋輪王等이며	一切衆生及諸佛이로다
화현광명등법계	광중연설제불명
化現光明等法界하니	光中演說諸佛名이라
종종방편시조복	보응군심무부진
種種方便示調伏하야	普應群心無不盡이로다

범천왕과 제석천과 전륜왕이며

일체 중생과 모든 부처님이

변화해서 나타낸 광명이 법계와 같으니

광명 속에서 모든 부처님의 이름을 연설하고

가지가지 방편으로 조복함을 보여서

중생들의 마음에 널리 다 응하도다.

연꽃에 대하여 삼송三頌 반半이나 노래하였다. 무수한 풍륜 위에 향수해가 있고, 그 향수해 위에 큰 연꽃이 한 송이 피었다. 그리고 화장장엄세계는 바로 그 연꽃 위에 안립安立하여 있다. 이러한 사실들을 다시 게송으로 아름답게 표현하였다.

(4) 세계의 자재自在

화 장 세 계 소 유 진
華藏世界所有塵이여

보 광 현 불 여 운 집
寶光現佛如雲集하니

일 일 진 중 견 법 계
一一塵中見法界라

차 시 여 래 찰 자 재
此是如來刹自在로다

화장세계에 있는 먼지여

낱낱 먼지 속에서 법계를 보며

보석광명에서 부처님이 구름처럼 모인 모습 나타내었네.

이것은 여래세계의 자재함이로다.

광 대 원 운 주 법 계
廣大願雲周法界하야

보 현 지 지 행 실 성
普賢智地行悉成하시니

어 일 체 겁 화 군 생
於一切劫化群生이라

소 유 장 엄 종 차 출
所有莊嚴從此出이로다

광대한 서원구름 법계에 두루 해서

일체 겁에서 중생들을 교화하여

보현의 지혜와 행을 다 이루시니

있는 바 장엄이 여기에서 나왔도다.

여래세계의 자재함이란 화장세계에 있는 낱낱 먼지에서 법계를 보며, 또 낱낱 보석광명에서 부처님이 구름처럼 모인 모습을 나타낸 것이다. 이와 같은 것이 자유자재하여 낱낱이 본성품에 부합하였기 때문에 동시에 모든 세계를 구족하고, 또 모든 중생에게 상응하는 이치이다.

5. 대윤위산 大輪圍山

1) 대윤위산의 의주依住와 체상體相

爾_이時_시에 普_보賢_현菩_보薩_살이 復_부告_고大_대衆_중言_언하사대 諸_제佛_불子_자야 此_차華_화藏_장莊_장嚴_엄世_세界_계海_해에 大_대輪_윤圍_위山_산이 住_주日_일珠_주王_왕蓮_연華_화之_지上_상이어든 栴_전檀_단摩_마尼_니로 以_이爲_위其_기身_신하고 威_위德_덕寶_보王_왕으로 以_이爲_위其_기峰_봉하고 妙_묘香_향摩_마尼_니로 而_이作_작其_기輪_륜하고 焰_염藏_장金_금剛_강으로 所_소共_공成_성立_립이니라

그때에 보현보살이 다시 대중에게 말하였습니다.

"모든 불자들이여, 이 화장장엄세계바다에 대윤위산이 햇빛구슬왕연꽃 위에 머물러 있느니라. 전단栴檀마니

로 그 몸이 되고, 위엄과 덕이 있는 보배왕으로 그 봉우리가 되고, 묘한 향기 나는 마니로 그 둘레가 되고, 불꽃 같은 다이아몬드로 함께 이루어졌느니라."

일체향수　　유주기간　　중보위림　　묘화
一切香水가 流注其間하며 衆寶爲林하야 妙華

개부　　향초포지　　명주간식　　종종향화
開敷하며 香草布地하고 明珠間飾하며 種種香華가

처처영만　　마니위망　　주잡수부　　여시등
處處盈滿하며 摩尼爲網하야 周帀垂覆하니 如是等이

유세계해미진수중묘장엄
有世界海微塵數衆妙莊嚴하니라

"일체 향수가 그 사이에 흐르며, 온갖 보배로써 숲이 되어 아름다운 꽃들이 활짝 피었으며, 향기로운 풀들이 땅에 널려 있고 밝은 구슬로 사이사이 장식하였느니라. 가지가지 향기로운 꽃이 곳곳에 가득하여 마니보석으로 그물이 되어 두루 덮였으니, 이와 같은 것이 세계바다 미진수로 온갖 미묘한 장엄이 있느니라."

대윤위산의 의주依住와 체상體相을 설명하였는데, 연꽃 위에 있는 대윤위산은 아름답기 그지없다. 즉 의주依住는 연꽃이며, 체상體相은 전단마니와 위엄과 덕이 있는 보배와 향기 나는 마니와 또 다이아몬드로 되어 있다. 또 사이사이로는 향수가 흐르고 온갖 보석으로 숲을 이루고 있다. 아름다운 꽃과 향기 나는 풀들이 땅에 가득 깔렸는데 마니보석으로 그물이 되어 두루 덮였으니, 이와 같은 것이 세계바다 미진수로 온갖 미묘한 장엄이 있다고 하였다. 이것이 대윤위산의 모습이다.

2) 게송으로 거듭 밝히다

爾時_에 普賢菩薩_이 欲重宣其義_{하사} 承佛神力_{하사} 觀察十方_{하고} 而說頌言_{하사대}

이시 보현보살 욕중선기의 승불신력 관찰시방 이설송언

이때에 보현보살이 그 뜻을 거듭 펴려고 부처님의 위신력을 받들어 시방을 관찰하고 게송을 설하였습니다.

(1) 대윤위산의 체상과 장엄

世界大海無有邊이여   **寶輪淸淨種種色**이라
세계대해무유변   보륜청정종종색

所有莊嚴盡奇妙하니   **此由如來神力起**로다
소유장엄진기묘   차유여래신력기

세계의 큰 바다 끝이 없는데

보배바퀴 청정하여 갖가지 빛이라

장엄이란 장엄 모두 다 기묘하니

이것은 여래의 위신력으로 일어났도다.

摩尼寶輪妙香輪과   **及以眞珠燈焰輪**이
마니보륜묘향륜   급이진주등염륜

種種妙寶爲嚴飾하니   **淸淨輪圍所安住**로다
종종묘보위엄식   청정윤위소안주

마니보석바퀴와 묘한 향기바퀴와

진주등불바퀴가

가지가지 묘한 보배로 장엄했으니

청정한 대윤위산이 안주하였네.

세계바다에 있는 대윤위산의 체상과 장엄이 모두모두 청정하고 기묘한데, 일체가 여래의 위신력으로 인하여 생긴 것임을 밝혔다. 마니보석바퀴와 미묘한 향기바퀴와 진주등불바퀴가 가지가지 미묘한 보배로 장엄하였으니 이 얼마나 아름다운가. 깨달은 지혜의 능력으로 상상할 수 있는 모습들을 한껏 표현하였다.

견고마니이위장
堅固摩尼以爲藏하고

염부단금작엄식
閻浮檀金作嚴飾하야

서광발염변시방
舒光發焰徧十方하니

내외영철개청정
內外映徹皆淸淨이로다

견고한 마니보석으로 새겨 넣은

염부단금으로 장식하여

빛나고 불꽃 퍼져 시방에 두루 하니

안과 밖이 밝게 사무쳐 다 청정하도다.

금강마니소집성
金剛摩尼所集成이어든

부우마니제묘보
復雨摩尼諸妙寶하니

기보정기비일종
其寶精奇非一種이라

방정광명보엄려
放淨光明普嚴麗로다

다이아몬드와 마니보석이 모여서 되었는데
다시 또 마니보석과 온갖 아름다운 보석들을 쏟으니
그 보석들 곱고 기묘함이 한 가지가 아니라
청정한 광명 놓아 널리 꾸며 화려하네.

    화장장엄세계바다의 대윤위산의 체상과 아름다운 장엄은 계속된다. 화엄경에는 '장藏' 자가 딸린 표현이 많다. '창고'라는 뜻이나 '감추고 있다.'는 뜻과 아울러 '새겨 넣었다.'라는 의미가 가장 많다. 즉 대리석이나 금이나 은이나 유리 같은 바탕에 마니보석이나 다이아몬드 등으로 부처님의 형상이나 보살의 형상이나 연꽃의 형상을 새겨 넣거나 기타 여러 가지 무늬를 새겨 넣었다는 뜻이다. 견고한 마니보석으로 새겨 넣은 염부단금으로 장식하였으니 그 빛이 얼마나 화려하고 찬란하겠는가. 우리가 보고 느끼는 세계는 전혀 그렇지 않은데 화장장엄세계는 이와 같다. 모두가 부처님의 깨달음에 근거한 표현이기 때문이다.

향수분류무량색
香水分流無量色이요 　　산제화보급전단
散諸華寶及栴檀하며

중연경발여의포
衆蓮競發如衣布하고 　　진초나생실분복
珍草羅生悉芬馥이로다

향수는 흘러 흘러 그 빛이 한량없고
온갖 꽃과 보석들과 전단향을 흩었으며
온갖 연꽃 다투어 핀 것이 마치 천을 펼쳐 놓은 듯
진기한 풀 두루 나서 향기가 자욱하네.

무량보수보장엄
無量寶樹普莊嚴하니 　　개화발예색치연
開華發蘂色熾然이라

종종명의재기내
種種名衣在其內어든 　　광운사조상원만
光雲四照常圓滿이로다

한량없는 보배나무로 널리 장엄하였으니
꽃피고 꽃술 솟아 그 빛이 화려한데
가지가지 좋은 옷이 그 안에 있고

광명구름 사방에 비쳐 늘 원만하도다.

달리 더 설명할 방법이 없다. 다만 반복해서 음미하고 또 음미하는 길이 최선이리라. "향수는 흘러 흘러 그 빛이 한량없고, 온갖 꽃과 보석들과 전단향을 흩뿌렸으며, 그 위에 다시 온갖 연꽃들이 다투어 핀 것이 마치 세상에 없는 아름다운 천을 펼쳐 놓은 듯하고, 진기한 풀들이 두루 나서 향기가 자욱하도다."

(2) 묘용妙用이 자재하다

무량무변대보살	집개분향충법계
無量無邊大菩薩이	執蓋焚香充法界라
실발일체묘음성	보전여래정법륜
悉發一切妙音聲하야	普轉如來正法輪이로다

한량없고 끝없는 큰 보살들이
일산 들고 향 사르며 법계에 충만한데
온갖 아름다운 음성을 모두 다 내어
여래의 정법륜正法輪을 널리 굴리네.

불교가 하는 일에는 무엇이든지 여래의 정법이 빠져서는 안 된다. 아무리 화장세계 대윤위산의 아름다운 정경을 휘황찬란하게 설명하고 있더라도 여래의 정법이 없다면 아무런 의미가 없기 때문이다. 그래서 무량무변한 큰 보살들이 일산을 들기도 하고 향을 사르기도 하면서 법계에 충만하여 아름다운 음성으로 여래의 정법륜을 굴리는 것이다.

복지단체나 기타 여러 종류의 봉사단체에서 가난한 사람들에게 의식주를 제공하고 학교를 지어 주고 우물을 파 주고 의약품을 가져다주더라도 그와 함께 반드시 불법을 전해 주어야 불교적 봉사가 되는 것이다. 다른 종교단체에서는 무엇을 제공하든 반드시 성당이나 교회를 세워 그곳으로 인도한다. 만약 예배 시설이 없으면 맨땅의 공터에서라도 반드시 예배 의식을 치르고 돌아온다. 불교인들은 아직 이런 점에 매우 소홀하다.

제 마 니 수 보 말 성　　　　　일 일 보 말 현 광 명
諸摩尼樹寶沫成하니　　**一一寶沫現光明**이어든

비로자나청정신 실입기중보령견
毘盧遮那淸淨身이 **悉入其中普令見**이로다

여러 가지 마니수가 보석가루로 이뤄져

그 낱낱 보석가루가 광명을 나타내어

비로자나 부처님의 청정한 몸이

다 그 속에 들어가서 널리 보게 하도다.

마니보석가루로 된 나무의 그 낱낱 보석가루에서 찬란한 빛을 발하고 있다. 또 그 낱낱 빛 속에는 비로자나 부처님의 청정한 몸이 있어서 모든 곳 모든 사람이 다 보게 한다.

제장엄중현불신 무변색상무앙수
諸莊嚴中現佛身호대 **無邊色相無央數**라
실왕시방무불변 소화중생역무한
悉往十方無不徧하시니 **所化衆生亦無限**이로다

모든 장엄 가운데서 부처님 몸을 나타내되

그지없는 색상이 무수함이라

시방에 다 가서 두루 하시니

교화하신 중생도 또한 한이 없도다.

시방에 두루 하신 그지없는 색상의 부처님 몸을 나타내는 것은 한량없는 중생을 교화하기 위함이다. 화장장엄세계를 이와 같이 화려하고 자재하게 그 미묘한 작용을 설명하는 것에 만약 중생 교화가 없다면 무슨 의미가 있겠는가.

일체장엄출묘음
一切莊嚴出妙音하야

연설여래본원륜
演說如來本願輪호대

시방소유정찰해
十方所有淨刹海에

불자재력함령변
佛自在力咸令徧이로다

일체 장엄이 미묘한 소리를 내어
여래의 본원本願의 법륜을 연설하시니
시방에 있는 청정한 세계바다에
부처님의 자재한 힘으로 다 두루 하게 하네.

여래의 본원本願에는 여러 가지가 있겠으나 일반적으로 여래의 십대발원十大發願이 있다. "저는 영원히 삼악도를 떠나기를 원하옵니다. 저는 탐진치를 속히 끊기를 원하옵니다. 저는 불법승을 항상 듣기를 원하옵니다. 저는 계정혜를 부지런히 닦기를 원하옵니다. 저는 항상 모든 부처님을 따라 배우기를 원하옵니다. 저는 보리심에서 물러서지 않기를 원하옵니다. 저는 결정코 안양국安養國에 태어나기를 원하옵니다. 저는 아미타 부처님을 속히 친견하기를 원하옵니다. 저는 먼지같이 많은 세계에 분신하기를 원하옵니다. 저는 모든 중생을 널리 제도하기를 원하옵니다."[3]이다.

---

[3] 如來十大發願文：願我永離三惡道, 願我速斷貪瞋癡, 願我常聞佛法僧, 願我勤修戒定慧, 願我恒隨諸佛學, 願我不退菩提心, 願我決定生安養, 願我速見阿彌陀, 願我分身徧塵刹, 願我廣度諸衆生.

6. 대지大地

1) 대지의 체상

爾時에 普賢菩薩이 復告大衆言하사대 諸佛子야
이시   보현보살   부고대중언   제불자

此世界海大輪圍山內의 所有大地가 一切皆以金
차세계해대윤위산내   소유대지   일체개이금

剛所成이라 堅固莊嚴하야 不可沮壞며 淸淨平坦하야
강소성   견고장엄   불가저괴   청정평탄

無有高下하며 摩尼爲輪하고 衆寶爲藏하나라
무유고하   마니위륜   중보위장

그때에 보현보살이 다시 대중들에게 말하였습니다. "모든 불자들이여, 이 세계바다의 대윤위산 안에 있는 대지는 일체가 모두 다이아몬드로 되었으며, 견고한 장엄을 깨뜨릴 수 없으며, 청정하고 평탄해서 높고 낮음이 없으며, 마니로써 바퀴가 되어 여러 가지 보석으로

새겨져 있었느니라."

一切衆生의 種種形狀인 諸摩尼寶로 以爲間錯
하며 散衆寶沫하고 布以蓮華하며 香藏摩尼를 分置
其間하며 諸莊嚴具가 充徧如雲호대 三世一切諸佛
國土의 所有莊嚴으로 而爲校飾하며 摩尼妙寶로 以
爲其網하야 普現如來의 所有境界가 如天帝網하야
於中布列하니 諸佛子야 此世界海地에 有如是等
世界海微塵數莊嚴하니라

"일체 중생들의 갖가지 형상인 여러 가지 마니보석으로 사이마다 꾸몄으며, 온갖 보석가루를 흩고 연꽃을 펴 놓았으며, 향기를 머금은 마니보석을 그 사이에 나누어 두고 모든 장엄거리가 갖추어져 충만한 것이 마치 구름 같은데 삼세의 일체 부처님 국토에 있는 장엄으로 아름답게 꾸몄으며, 마니의 묘한 보석으로 그 그물이 되어 여래의 경계를 널리 나타내어 마치 제석천의 그물처럼 그 가운데 펼쳐졌느니라. 모든 불자들이여, 이 세계바다 대지에 이와 같은 것들이 세계바다 미진수의 장엄이 있느니라."

먼저 대지大地의 소재가 대윤위산 안에 있음을 밝혔다. 다음에는 대지의 체상이 아름답게 장엄되어 있음을 10개의 구절로 밝혔다. 마지막은 전체에 대한 결론이다. 대지의 장엄을 밝히는 첫 구절에 다이아몬드로 이루어졌다는 말은 화엄경 서두에 "세존이 처음 정각을 이루고 나니 그 땅은 견고해서 다이아몬드로 이루어졌더라."[4]라는 것에 근거하고 있다. 다시 "견고한 장엄을 깨뜨릴 수 없다."라고 표현한 내용까지 같다. 깨달음의 안목으로 볼 때 우리가 살고 있는 이 세상이 그대로 화장장엄이건마는 다만 미혹으로 인하여 그와

---

4) 始成正覺 其地堅固 金剛所成.

같이 보지 못한다는 것을 가만히 다시 일깨우는 것이리라. 부처님이 처음 정각을 이루었을 때 땅의 장엄과 보리수의 장엄과 궁전의 장엄과 사자좌의 장엄을 얼마나 아름답고 화려하게 설명하였던가. 평범한 인간의 상식으로는 도저히 상상할 수 없는 광경이었다. 그것은 곧 깨달음의 경계란 미혹의 경계와는 그와 같이 다르다는 것을 짐작하게 한다.

2) 게송으로 거듭 밝히다

爾時에 普賢菩薩이 欲重宣其義하사 承佛神力하사 觀察十方하고 而說偈言하사대

그때에 보현보살이 그 뜻을 거듭 펴려고 부처님의 위신력을 받들어 시방을 관찰하고 게송을 설하여 말씀하였습니다.

(1) 대지의 체상體相

| 기지평탄극청정 | 안주견고무능괴 |
| **其地平坦極淸淨**하고 | **安住堅固無能壞**라 |

| 마니처처이위엄 | 중보어중상간착 |
| **摩尼處處以爲嚴**이요 | **衆寶於中相間錯**이로다 |

그 땅은 평탄하여 지극히 청정하고
견고하게 안주하여 깨뜨릴 수 없어
마니보석으로 곳곳을 장엄하였고
온갖 보배로 그 가운데를 사이사이 꾸몄네.

| 금강위지심가열 | 보륜보망구장엄 |
| **金剛爲地甚可悅**하니 | **寶輪寶網具莊嚴**이라 |

| 연화포상개원만 | 묘의미포실주변 |
| **蓮華布上皆圓滿**하고 | **妙衣彌布悉周徧**이로다 |

다이아몬드로 땅이 되어 매우 즐거우며
보석바퀴와 보석그물로 장엄을 갖추고
연꽃이 위에 펼쳐진 것이 다 원만하며
아름다운 옷을 가득 덮어 다 두루 하네.

세계바다의 대윤위산 안에 큰 땅이 있는데 그 큰 땅의 체상은 평탄하고 청정하며 매우 견고하여 깨뜨릴 수 없다. 또 마니보석으로 곳곳을 장엄하였는데 그 장엄 사이사이마다 온갖 보배로 꾸몄다. 또 앞에서 밝힌 바대로 처음 정각을 이룰 때 그 땅은 견고하여 다이아몬드로 이뤄졌듯이 역시 땅의 체성을 그렇게 밝혔다. 대체로 산문에서 말씀하신 내용들이다.

보살천관보영락　　　　실포기지위엄호
菩薩天冠寶瓔珞으로　　**悉布其地爲嚴好**하고

전단마니보산중　　　　함서이구묘광명
栴檀摩尼普散中하니　　**咸舒離垢妙光明**이로다

보살의 천관天冠 보배영락으로
그 땅에 모두 펴서 곱게 꾸미고
전단과 마니로 널리 흩으니
때 없는 묘한 광명 모두 펴도다.

보살상에서는 간혹 천관天冠을 쓰고 있는 형상을 볼 수

있다. 보살의 본분은 세간과 출세간을 망라해서 일체를 교화하는 것이다. 그러므로 승속을 넘나들고 세와 출세를 넘나들며 일체 중생을 제도하므로 그 모습이 또한 비승비속이어야 하고 승속에 모두 소통하는 중도적 모습이어야 한다는 의미이다. 그와 같은 천관과 전단향과 마니보석으로 대지를 장엄하였다.

    보 화 발 염 출 묘 광　　　　광 염 여 운 조 일 체
    寶華發焰出妙光하니　　**光焰如雲照一切**라

    산 차 묘 화 급 중 보　　　　보 부 어 지 위 엄 식
    散此妙華及衆寶하야　　**普覆於地爲嚴飾**이로다

보석꽃이 불꽃을 내어 아름다운 광명 쏟으니
광명빛이 구름처럼 모든 것을 비추고
아름다운 꽃과 온갖 보석을 흩어서
그 땅을 널리 덮어 장엄하도다.

밀 운 홍 포 만 시 방　　　　광 대 광 명 무 유 진
密雲興布滿十方하니　　**廣大光明無有盡**이라

보 지 시 방 일 체 토　　　　연 설 여 래 감 로 법
普至十方一切土하야　　**演說如來甘露法**이로다

짙은 구름 일어나서 시방에 가득하니

넓고 큰 광명 다함이 없네.

시방의 일체 국토에 널리 이르러

여래의 감로법甘露法을 연설하도다.

경문에는 빛이니 광명이니 또는 불꽃이니 하는 표현이 매우 많다. 그 모두는 일체가 부처님의 깨달음을 나타내는 말이며, 깨달음의 지혜를 나타내는 말이며, 깨달음에 의한 진리의 가르침을 나타내는 말이다. 그래서 여래의 감로법을 연설한다고 하였는데, 감로법이란 부처님의 깨달음에 의한 진리고 그 진리는 생사를 초월한 해탈의 법이기 때문에 그것을 '여래의 감로법甘露法'이라고 표현하였다.

일체불원마니내   보현무변광대겁
一切佛願摩尼內에   普現無邊廣大劫하니

최승지자석소행   어차보중무불견
最勝智者昔所行을   於此寶中無不見이로다

일체 부처님의 서원誓願을 마니보석 속에서
끝없고 광대한 겁 동안 두루 나타내니
가장 훌륭하신 지자智者의 옛적 행한 것을
이 보석 속에서 다 보도다.

  세계바다의 대윤위산 안에 큰 땅이 있고 그 큰 땅에는 마니보석이 지천으로 깔려 있는데, 그 마니보석마다 일체 부처님의 서원을 한량없는 겁 동안 두루 다 나타내니 일체 부처님이 옛적에 수행하신 내용들을 마니보석 속에서 환하게 다 본다. 이 얼마나 신기한 광경인가. 하나의 작은 먼지 속에 시방세계가 들어 있을 뿐만 아니라 부처님이 옛적에 수행하신 일체 서원까지 다 들어 있다. 이 화장장엄세계는 일체가 부처님의 깨달음에 의하여 나타난 것이기 때문이다. 그와 같이 보통의 사람들이 수용하는 눈앞에 보이는 세계와 생활 환경은 역시 그 사람의 업력에 의하여 나타난 것이다. 자업자

득이다. 그러므로 결코 남을 탓하거나 원망을 해서는 안 된다. 누구든 그가 수용하는 그의 세계와 환경은 곧 그 사람이 만든 것이며 그 사람의 것이다.

其地所有摩尼寶에 一切佛刹咸來入하며
彼諸佛刹一一塵에 一切國土亦入中이로다

그 땅에 있는 마니보석에
일체 부처님의 세계가 다 들어오며
그 모든 부처님 세계의 낱낱 먼지에
일체 국토가 또한 그 속에 들어가네.

하나의 작은 먼지 속에 시방세계가 다 들어가 있으며, 일체의 낱낱 작은 먼지 속에도 또한 그와 같이 일체 세계 일체 국토가 다 들어가 있다. 이 세상에 존재하는 모든 것은 서로서로 연관관계를 맺고 있어서 서로 떠나려야 떠날 수 없다는 이치이다. 마치 인다라그물의 보석들의 관계와 같다. 사람과 사람이 서로 그러하고, 사람과 식물이 서로 그러하고, 큰 것과 작은 것이 서로 그러하고, 동서남북과 남녀노소가 서로 그러하고, 노사와 주종과 상하가 서로 그러하다. 이것이 화엄경에서 가르치는 "법계연기의 관계로 공존하고 있다."는 것이다.

(2) 도량의 자재

묘 보 장 엄 화 장 계
妙寶莊嚴華藏界에

보 살 유 행 변 시 방
菩薩遊行徧十方하야

연 설 대 사 제 홍 원
演說大士諸弘願하니

차 시 도 량 자 재 력
此是道場自在力이로다

아름다운 보석으로 화장세계를 장엄하고
보살들은 온 시방에 노닐면서
대사大士의 모든 큰 서원을 연설하니
이것은 도량의 자재한 힘이로다.

깨달음의 도량에 머무는 보살은 언제 어디서나 아름다운 보석으로 장엄한 화장장엄세계를 누린다. 시방을 두루 유행하면서 부처님의 크고 큰 서원을 세상에 알리는 것, 그것이 보살의 삶이다.

마니묘보장엄지
摩尼妙寶莊嚴地에

방정광명비중식
放淨光明備衆飾하야

충만법계등허공
充滿法界等虛空하니

불력자연여시현
佛力自然如是現이로다

아름다운 마니보석으로 땅을 장엄하여
청정한 광명을 놓아 온갖 장식 다 갖추고
법계에 가득 채워 허공과 같게 하니
부처님의 힘이 자연히 이와 같이 나타났도다.

제유수치보현원
諸有修治普賢願하야

입불경계대지인
入佛境界大智人은

능지어차찰해중
能知於此刹海中에

여시일체제신변
如是一切諸神變이로다

여러 세상에서 보현의 서원을 닦아서
부처님의 경계에 들어간 큰 지혜 있는 사람은

능히 이 세계바다 가운데에
이러한 일체 신통변화를 알도다.

"아름다운 마니보석으로 땅을 장엄하여, 청정한 광명을 놓아 온갖 장식을 다 갖추고, 법계에 가득 채워 허공과 같게 하니, 이것은 모두 부처님의 힘이 자연히 이와 같이 나타난 것이다."라고 하였다.

화엄경은 어느 구절이든지 절대적인 원칙이 있다. 그것은 깨달음의 안목으로 세계를 본다는 것이다. 깨달음의 안목으로 세계를 보면 지금 우리가 살고 있는 이 세계도 경전의 설명과 같이 본래 그렇게 장엄되어 있다. 깨달음의 안목이란 오랜 세월 동안 온갖 세상에서 보현보살의 행원을 부지런히 닦아서 부처님의 경계에 들어간 것을 뜻한다.

7. 대지 중의 향수해 香水海

1) 향수해의 체상

爾時_에 普賢菩薩_이 復告大衆言_{하사대} 諸佛子_야 此世界海大地中_에 有十不可說佛刹微塵數香水海_{하니} 一切妙寶_로 莊嚴其底_{하고} 妙香摩尼_로 莊嚴其岸_{하며} 毘盧遮那摩尼寶王_{으로} 以爲其網_{하니라}

그때에 보현보살이 다시 대중에게 말하였습니다.

"모든 불자들이여, 이 세계바다 대지大地 가운데 십불가설十不可說의 부처님세계 미진수의 향수해가 있느니라. 일체 아름다운 보석으로 그 바닥을 장엄하였고, 아름다운 향기가 나는 마니보석으로 그 언덕을 장엄하였으며, 비로자나마니보석왕으로 그물이 되었느니라."

香水映徹_에 具衆寶色_{하야} 充滿其中_{하며} 種種寶
華_가 旋布其上_{하고} 栴檀細末_이 澄垽其下_{하며} 演佛
言音_{하고} 放寶光明_{하며} 無邊菩薩_이 持種種蓋_{하야}
現神通力_{하고} 一切世界所有莊嚴_이 悉於中現_{하니라}

"또 향수가 맑고 밝게 비쳐 여러 가지 보석빛을 갖추어서 그 안에 충만하니라. 가지가지 보석꽃이 그 위에 덮이고 전단향의 미세한 가루가 그 밑에 앙금으로 깔려 부처님의 음성을 연설하고 보석빛 광명을 놓느니라. 끝없이 많은 보살들이 가지가지 일산을 들고 신통력을 나타내며, 일체 세계에 있는 장엄이 모두 그 속에 나타나느니라."

화장장엄세계를 다시 정리하면, 가장 밑에 풍륜이 있고,

그 풍륜 위에 향수해가 있고, 그 향수해에 큰 연꽃이 있고, 그 연꽃 가운데에 화장장엄세계가 있다. 그리고 그 세계를 사방으로 돌아가면서 다이아몬드로 된 대윤위산이 있다. 또 대윤위산 안에 큰 땅이 있고, 그 큰 땅에 다시 향수해가 있다. 그 향수해의 체상을 지금 설명하려는 것이다.

그 향수는 맑고 깨끗하여 여러 가지 보석빛으로 빛난다. 향수해에는 가지가지 보석꽃이 그 위를 덮었다. 또 전단향의 미세한 가루가 그 밑에 앙금으로 깔려 부처님의 음성을 연설하고 보석빛의 광명을 놓고 있다. 구체적으로는 열 가지로 설명하고 있다. 바닥, 언덕, 그물, 물, 꽃, 앙금, 소리, 빛, 보살들, 일체 세계장엄 등이다.

2) 향수해의 장엄

十寶階陛가 行列分布하고 十寶欄楯이 周币圍
(십보계폐) (항렬분포)   (십보난순) (주잡위)

繞하며 四天下微塵數一切寶莊嚴芬陀利華가 敷
榮水中하니라

"열 가지 보석으로 된 층계들이 열을 지어 늘어섰고, 열 가지 보석으로 된 난간들이 두루 에워쌌으며, 사천하四天下의 미진수같이 많은 온갖 보석으로 장엄한 흰 연꽃이 물 가운데 만발하였느니라."

不可說百千億那由他數十寶尸羅幢과 恒河
沙數一切寶衣鈴網幢과 恒河沙數無邊色相寶
華樓閣과 百千億那由他數十寶蓮華城과 四天
下微塵數衆寶樹林寶焰摩尼로 以爲其網하니라

"또 말할 수 없는 백천억 나유타 수의 열 가지 보석으로 된 깃대와 항하강의 모래 수 같은 일체 보석옷방

울그물깃대와, 항하강의 모래 수같이 끝없는 색상의 보석꽃누각과, 백천억 나유타 수의 열 가지 보석으로 된 연꽃성城과, 사천하의 미진수같이 많은 온갖 보배숲에서 보석불꽃 나는 마니보석으로 그 그물이 되었느니라."

恒河沙數梅檀香_인 諸佛言音光焰摩尼_와 不可說百千億那由他數衆寶垣墻_이 悉共圍繞_{하야} 周徧嚴飾_{하니라}

"또 항하의 모래 수 같은 전단향과 모든 부처님의 음성을 내는 불꽃마니와 말할 수 없는 백천억 나유타 수의 온갖 보석으로 된 담장들이 다 함께 에워싸서 두루두루 장엄하였느니라."

향수해가 온갖 휘황찬란한 보석으로 장엄되었음을 밝혔다. 열 가지 보석이란 금金, 은銀, 유리瑠璃, 자거硨磲, 마노瑪瑙,

산호珊瑚, 호박琥珀, 진주眞珠, 매괴玫瑰, 슬슬瑟瑟이라고 하였다.

3) 게송으로 거듭 밝히다

(1) 향수해의 체상

이시   보현보살   욕중선기의   승불신력
爾時에 **普賢菩薩**이 **欲重宣其義**하사 **承佛神力**

관찰시방   이설송언
하사 **觀察十方**하고 **而說頌言**하사대

그때에 보현보살이 그 뜻을 거듭 펴려고 부처님의 위신력을 받들어 시방을 관찰하고 게송을 설하였습니다.

차세계중대지상   유향수해마니엄
此世界中大地上에   **有香水海摩尼嚴**이어든

청정묘보포기저   안주금강불가괴
淸淨妙寶布其底하야 **安住金剛不可壞**로다

이 세계 가운데의 대지 위에

향수해가 있고 마니보석으로 장엄했는데

청정하고 아름다운 보석을 그 밑에 펴서

다이아몬드 위에 안주하여 깨뜨릴 수 없네.

향 장 마 니 적 성 안　　　일 염 주 륜 포 약 운
香藏摩尼積成岸이어든　**日焰珠輪布若雲**하며

연 화 묘 보 위 영 락　　　처 처 장 엄 정 무 구
蓮華妙寶爲瓔珞하야　**處處莊嚴淨無垢**로다

향기를 머금은 마니보석이 쌓여 언덕이 되고

햇빛진주바퀴가 구름같이 펴 있으며

연꽃 묘한 보배가 영락이 되어

곳곳에 장엄하여 청정무구하니라.

향 수 징 정 구 중 색　　　보 화 선 포 방 광 명
香水澄渟具衆色하고　**寶華旋布放光明**하며

보 진 음 성 문 원 근　　　이 불 위 신 연 묘 법
普震音聲聞遠近하니　**以佛威神演妙法**이로다

향수는 맑고 맑아 온갖 빛을 갖추고
보배꽃은 두루 펴서 광명 놓으며
음성은 널리 떨쳐 원근에 다 들리니
부처님의 위신력으로 미묘한 법 연설하네.

 산문에서 밝힌 내용을 게송의 형식을 빌려서 더욱 아름답게 표현하였다. 세상에 그 무엇이 이와 같이 실재하겠는가. 다만 부처님의 위대한 깨달음의 내용이 이와 같고 깨달음의 세계가 이와 같음을 상징적으로 밝혔다. 다시 말하면 오직 깨달음의 눈으로만 볼 수 있고 느낄 수 있고 수용할 수 있는 경계이리라.

(2) 향수해의 장엄

계폐장엄구중보
階陛莊嚴具衆寶어든

부이마니위간식
復以摩尼爲間飾하며

주회난순실보성
周迴欄楯悉寶成이어든

연화주망여운포
蓮華珠網如雲布로다

 층계의 장엄도 온갖 보석으로 갖추었고

다시 마니보석으로 사이사이를 꾸몄으며
둘러 있는 난간들도 보석으로 되었는데
연꽃과 진주그물 구름처럼 펼쳐져 있네.

마 니 보 수 열 성 항　　　화 예 부 영 광 혁 혁
摩尼寶樹列成行하야　　**華蘂敷榮光赫奕**이라

종 종 악 음 항 경 주　　　불 신 통 력 영 여 시
種種樂音恒競奏하니　　**佛神通力令如是**로다

마니보석으로 된 나무가 줄을 지었고
꽃들이 만발하여 그 빛이 혁혁하며
갖가지 음악을 항상 연주하니
부처님의 신통력이 이와 같게 하였네.

　화장세계의 체상을 설명하거나 장엄을 설명할 때 수시로 "부처님의 신통력으로 인하여 그렇게 되도록 하였다."라거나 "부처님의 원력으로, 또는 과거의 오랜 세월 동안의 수행으로 그와 같이 되었다."라는 표현이 등장한다. 그렇다. 깨달음의 열린 눈과 원력과 수행의 안목으로 인하여 척박한 땅에서도 그렇게 보시고 그렇게 수용하신 것이다.

인도는 기름진 땅도 많지만 한국과 달리 무더운 나라라 모래와 자갈과 가시넝쿨 등 척박한 땅이 대단히 많다. 이 화엄경을 설한 부다가야도 역시 그런 곳이다. 세존은 바로 그 척박한 들판에서 깨달음을 성취하시고 그 자리에 앉은 채 화엄경을 설하셨다. 부처님이 깨달음을 이뤘다고 하여 세상의 땅이나 물이나 불이나 바람이나 산천초목과 산하대지가 털끝만치라도 변한 것은 아니다. 자신의 내면의 정신세계가 변했을 뿐이다. 그러므로 이 모든 화장장엄세계는 일체가 부처님의 깨달은 안목으로 보고 느끼고 수용하는 세계다. 그래서 모든 장엄이 실재하는 것은 아니지만 진실임에는 틀림없다.

종종묘보분타리
種種妙寶芬陀利가

부포장엄향수해
敷布莊嚴香水海하니

향염광명무잠정
香焰光明無暫停하야

광대원만개충변
廣大圓滿皆充徧이로다

갖가지 아름다운 보석으로 흰 연꽃이 되어
향수해에 펼쳐져서 장엄하였으니
향기불꽃광명이 멈출 사이 없어서
광대하고 원만하여 가득가득하도다.

명주보당항치성
明珠寶幢恒熾盛에 　　묘의수포위엄식
妙衣垂布爲嚴飾이라

마니영망연법음
摩尼鈴網演法音하야 　　영기문자취불지
令其聞者趣佛智로다

밝은 구슬보석깃대 늘 치성하고
묘한 옷을 펼쳐서 장엄하였네.
마니보석방울그물이 법을 연설하고
그 듣는 이는 부처님의 지혜에 나아가도다.

화장장엄세계의 모든 장엄들이 법을 연설한다. 부처님이 깨달으신 진리의 가르침을 한순간도 쉬지 않고 설하고 있다. 시냇물 흐르는 소리가 그대로 진리의 설법이다. 바람 불고 비 오는 소리가 그대로 진리의 설법 소리다. 자동차 소리,

비행기 소리가 그대로 진리의 설법이다. 화엄경은 이와 같은 이치를 깨닫게 하는 방편의 설법이다.

묘보연화작성곽
妙寶蓮華作城郭하니
중채마니소엄영
衆彩摩尼所嚴瑩이며

진주운영포사우
眞珠雲影布四隅하야
여시장엄향수해
如是莊嚴香水海로다

묘한 보석으로 된 연꽃이 성곽이 되어
온갖 빛깔 마니로 장엄하였고
진주구름그림자가 사방에 퍼져서
이와 같이 향수해를 장엄하였네.

원장료요개주잡
垣墻繚繞皆周帀하고
누각상망포기상
樓閣相望布其上이어든

무량광명항치연
無量光明恒熾然하야
종종장엄청정해
種種莊嚴淸淨海로다

담장은 두루두루 둘러져 있고
누각은 서로 바라보며 그 위에 펼쳐졌는데

한량없는 광명이 늘 치성하여
가지가지로 청정한 향수해를 장엄하였네.

비 로 자 나 어 왕 석　　　종 종 찰 해 개 엄 정
毘盧遮那於往昔에　　**種種刹海皆嚴淨**하시니
여 시 광 대 무 유 변　　　실 시 여 래 자 재 력
如是廣大無有邊이　　**悉是如來自在力**이로다

비로자나 부처님이 지난 옛적에
가지가지 세계바다 다 엄정하시니
이와 같이 광대하고 끝이 없음은
모두가 여래의 자재한 힘이로다.

화장장엄세계는 처음에 풍륜이 있고, 그 풍륜 위에 향수해가 있고, 그 향수해에 큰 연꽃이 있고, 그 연꽃 가운데 화장장엄세계가 있다. 그리고 그 세계를 사방으로 돌아가면서 다이아몬드로 된 대윤위산이 있다. 또 대윤위산 안에 큰 땅이 있고, 그 큰 땅에 다시 향수해가 있다. 그 향수해의 장엄을 설명하는 게송을 이제 마친다.

이와 같이 화려하고 아름다운 장엄은 모두 여래의 자유자재하신 힘의 결과다. 그러므로 화엄경을 공부한다는 것은 곧 여래의 깨달음을 공부하는 일이며 깨달은 사람의 정신세계를 공부하는 일이다.

8. 향수하 香水河

1) 향수하의 장엄

<ruby>爾時<rt>이시</rt></ruby>에 <ruby>普賢菩薩<rt>보현보살</rt></ruby>이 <ruby>復告大衆言<rt>부고대중언</rt></ruby>하사대 <ruby>諸佛子<rt>제불자</rt></ruby>야 <ruby>一一香水海<rt>일일향수해</rt></ruby>에 <ruby>各有四天下微塵數香水河<rt>각유사천하미진수향수하</rt></ruby>가 <ruby>右旋圍繞<rt>우선위요</rt></ruby>어든 <ruby>一切皆以金剛<rt>일체개이금강</rt></ruby>으로 <ruby>爲岸<rt>위안</rt></ruby>하고 <ruby>淨光摩尼<rt>정광마니</rt></ruby>로 <ruby>以爲嚴飾<rt>이위엄식</rt></ruby>이라 <ruby>常現諸佛<rt>상현제불</rt></ruby>의 <ruby>寶色光雲<rt>보색광운</rt></ruby>과 <ruby>及諸衆生<rt>급제중생</rt></ruby>의 <ruby>所有言音<rt>소유언음</rt></ruby>하며 <ruby>其河所有漩澓之處<rt>기하소유선복지처</rt></ruby>에 <ruby>一切諸佛<rt>일체제불</rt></ruby>의 <ruby>所修因行<rt>소수인행</rt></ruby>과 <ruby>種種形相<rt>종종형상</rt></ruby>이 <ruby>皆從中出<rt>개종중출</rt></ruby>하나니라

그때에 보현보살이 다시 대중에게 말하였습니다.

"모든 불자들이여, 낱낱 향수해에 또 각각 사천하의 미진수 같은 향수하香水河가 있어서 오른쪽으로 돌며 에워쌌는데, 일체가 다 다이아몬드로 언덕이 되고 청정한 광명의 마니보석으로 장엄하였느니라. 또 항상 모든 부처님의 보배광명구름과 모든 중생들이 가진 음성을 나타내느니라. 그 향수하가 소용돌이치는 곳에 일체 모든 부처님이 닦으신 인행因行과 갖가지 형상이 모두 그 속에서 나오느니라."

摩尼爲網_{하고} 衆寶鈴鐸_{이라} 諸世界海所有莊嚴_이 悉於中現_{하며} 摩尼寶雲_{으로} 以覆其上_{하야} 其雲_이 普現華藏世界毘盧遮那_의 十方化佛_과 及一切佛神通之事_{하고} 復出妙音_{하야} 稱揚三世佛菩薩名_{하며} 其香水中_에 常出一切寶焰光雲_{하야} 相續

부절   약광설자   일일하   각유세계해미진
不絶하니 **若廣說者**인댄 **一一河**에 **各有世界海微塵**

수 장 엄
數莊嚴하니라

"또 마니보석으로 그물이 되고 온갖 보배방울을 달았는데 모든 세계바다에 있는 장엄들이 그 속에 다 나타났느니라. 마니보석구름으로 그 위를 덮어 그 구름이 화장세계 비로자나 부처님의 시방에 변화한 부처님과 또 일체 부처님의 신통한 일을 널리 나타내느니라. 다시 묘한 음성을 내어 삼세의 부처님과 보살들의 이름을 일컬어 드날리느니라. 또 그 향수하 가운데에서는 일체 보배불꽃광명구름을 항상 내어서 계속하여 끊어지지 아니하느니라. 만약 널리 말한다면 낱낱 향수하에 각각 세계바다 미진수의 장엄이 있느니라."

화장장엄세계는 처음에 풍륜이 있고, 그 풍륜 위에 향수해가 있고, 그 향수해에 큰 연꽃이 있고, 그 연꽃 가운데 화장장엄세계가 있다. 그리고 그 세계를 사방으로 돌아가면서 다이아몬드로 된 대윤위산이 있다. 또 대윤위산 안에 큰 땅

이 있고, 그 큰 땅에 다시 향수해가 있다. 향수해 사이사이마다 또 무수한 향수하香水河가 흐른다. 그 향수하의 장엄을 위와 같이 설명하였다. 경문에 "향수하가 소용돌이치는 곳에 일체 모든 부처님이 닦으신 인행因行과 갖가지 형상이 모두 그 속에서 나오느니라."라고 하였다. 화장장엄세계 일체가 비로자나 부처님의 수행과 원력과 깨달음에서 출현한 것이듯이 이 향수하의 장엄도 또한 부처님의 깨달음의 한 표현이다.

2) 게송으로 거듭 밝히다

爾時에 普賢菩薩이 欲重宣其義하사 承佛神力
하사 觀察十方하고 而說頌言하사대

그때에 보현보살이 그 뜻을 거듭 펴려고 부처님의 위신력을 받들어 시방을 관찰하고 게송을 설하였습니다.

청정향류만대하	금강묘보위기안
淸淨香流滿大河하니	金剛妙寶爲其岸하며
보말위륜포기지	종종엄식개진호
寶末爲輪布其地하니	種種嚴飾皆珍好로다

청정한 향수가 흘러 대하大河에 가득하니

다이아몬드의 아름다운 보석으로 언덕이 되며

보석가루로 둘레가 되어 그 땅에 펼쳐지니

갖가지 장엄이 다 진기하도다.

향수하의 장엄을 게송으로 거듭 밝혔다. 향수해나 향수하나 모두 물에서 아름다운 향기가 넘쳐흐른다. 다이아몬드로 된 대윤위산 안에 큰 땅이 있고, 큰 땅에는 향수해가 있고, 또 향수하가 사이사이에 흐른다. 그 강들의 장엄이 이와 같다.

보계항렬묘장엄	난순주회실수려
寶階行列妙莊嚴하고	欄楯周迴悉殊麗하며

| 진주위장중화식 | 종종영만공수하 |

眞珠爲藏衆華飾하니 　**種種瓔鬘共垂下**로다

보석으로 된 층계가 줄을 지어 아름답게 장엄하고
난간은 두루 돌아가면서 모두 특별히 화려하며
진주로 새겨 넣은 온갖 꽃 장식들과
가지가지 영락 화만이 함께 드리웠네.

| 향수보광청정색 | 항토마니경질류 |

香水寶光淸淨色이　**恒吐摩尼競疾流**어든

| 중화수랑개요동 | 실주악음선묘법 |

衆華隨浪皆搖動하야　**悉奏樂音宣妙法**이로다

향수의 보석광명 청정한 빛깔이
항상 마니보석을 토하며 다투어 흐르고
온갖 꽃이 물결을 따라 모두 요동치며
모두 함께 음악을 연주하여 묘법妙法을 설하도다.

　커다란 땅 위에 크고 큰 바다인 향수해가 끝없이 펼쳐져 있는데 여기저기 곳곳에 섬과 같은 땅이 있고, 그 땅에는 무수한 산과 들이 있고, 다시 사이사이로 향기로운 강이 향수해라는 바다로 흘러든다. 그 아름다운 풍경을 캐나다의 천 섬에 비교해야 할까, 베트남의 하롱베이에 비교해야 할까, 중국의 계림에 비교해야 할까, 아니면 해금강에 비교해야 할까? 이 모든 것을 다 갖춘 곳이라 하더라도 어찌 화장장엄 세계와 같겠는가.

세말전단작니은
細末栴檀作泥垽하니

일체묘보동회복
一切妙寶同洄澓이라

향장분온포재중
香藏氛氳布在中하야

발염유분보주변
發焰流芬普周徧이로다

고운 전단가루가 진흙앙금이 되니
일체 묘한 보석들이 휘감아 돌고
향기 어린 기운이 그 속에 있어
피어나는 불꽃과 흐르는 향기가 널리 두루 하도다.

하 중 출 생 제 묘 보
河中出生諸妙寶하야

실 방 광 명 색 치 연
悉放光明色熾然이어든

기 광 포 영 성 대 좌
其光布影成臺座하니

화 개 주 영 개 구 족
華蓋珠瓔皆具足이로다

물속에서 온갖 묘한 보배가 생겨 나오고

모두 광명을 놓아 그 빛이 치성한데

그 광명 그림자 드리워 좌대座臺가 되니

꽃일산과 진주영락 모두 다 구족했네.

마 니 왕 중 현 불 신
摩尼王中現佛身하야

광 명 보 조 시 방 찰
光明普照十方刹이라

이 차 위 륜 엄 식 지
以此爲輪嚴飾地하니

향 수 영 철 상 영 만
香水映徹常盈滿이로다

마니보석 속에서 부처님 몸 나타내어

광명이 시방세계를 널리 비추네.

이것으로 둘레가 되어 땅을 장엄하니

향수하의 빛이 사무쳐서 항상 가득하네.

마니위망금위탁　　　　　변부향하연불음
摩尼爲網金爲鐸하야　　　　**徧覆香河演佛音**호대

극선일체보리도　　　　　급이보현지묘행
克宣一切菩提道와　　　　**及以普賢之妙行**이로다

마니보석으로 그물이 되고 금은방울이 되어

향수하를 두루 덮어 부처님의 음성을 내니

일체의 보리도와

보현보살의 묘한 행을 연설하도다.

보안마니극청정　　　　　항출여래본원음
寶岸摩尼極淸淨하야　　　　**恒出如來本願音**호대

일체제불낭소행　　　　　기음보연개영견
一切諸佛曩所行을　　　　**其音普演皆令見**이로다

보배언덕마니보석이 지극히 청정하여

여래의 본 서원의 소리를 항상 내되

일체 모든 부처님이 옛적에 행한 것을

그 소리 두루 내어 다 보게 하도다.

기하소유선류처	보살여운상용출
其河所有漩流處에	菩薩如雲常踊出하야
실왕광대찰토중	내지법계함충만
悉往廣大刹土中하며	乃至法界咸充滿이로다

그 향수하가 굽이 돌아 흐르는 곳에

보살들이 구름처럼 항상 솟아 나와

넓고 큰 세계 속을 모두 다니며

법계에까지 다 충만하도다.

청정주왕포약운	일체향하실미부
淸淨珠王布若雲하야	一切香河悉彌覆하니
기주등불미간상	병연현현제불영
其珠等佛眉間相하야	炳然顯現諸佛影이로다

청정한 진주들을 구름처럼 펴서

일체 향수하를 다 가득 덮으니

그 진주 부처님의 미간 백호상白毫相 같아서

모든 부처님의 그림자를 환하게 나타내네.

화장장엄세계에 있는 향수하의 아름다운 장엄을 아무리

부연한다 하더라도 본래의 경전에서 설명하고 있는 표현에는 도저히 미칠 수 없다. 다만 경전의 글을 읽고 또 읽어 가면서 음미하는 것이 가장 바르게 이해하는 방법일 것이다.

9. 향수하의 사이 장엄

1) 연꽃과 수림의 장엄

爾時_에 普賢菩薩_이 復告大衆言_{하사대} 諸佛子_야
此諸香水河兩間之地_를 悉以妙寶_로 種種莊嚴_{하니}
一一各有四天下微塵數衆寶莊嚴_인 芬陀利華_가
周帀徧滿_{하니라}

그때에 보현보살이 다시 대중들에게 말하였습니다. "여러 불자들이여, 이 모든 향수하의 양쪽 사이에 있는 땅을 모두 아름다운 보석으로써 가지가지로 장엄하였느니라. 낱낱이 각각 사천하 미진수 같은 온갖 보배로 장엄된 흰 연꽃이 두루 가득하였느니라."

향수하 사이사이에 땅이 있는데 그 땅은 모두 아름다운 보석으로 여러 가지 형상을 장엄하였다. 그리고 보배로 된 흰 연꽃이 두루 가득하였다. 향수해라는 바다도 두 번이나 등장하였는데 연꽃도 두 번이나 등장하였다. 깨달음의 눈으로 보면 세계는 온통 향기가 넘치는 법의 바다며, 그 법의 의미를 상징하는 연꽃이 만발하여 있다.

각유사천하미진수중보수림 차제항렬
各有四天下微塵數衆寶樹林이 **次第行列**이라

일일수중 항출일체제장엄운 마니보왕
一一樹中에 **恒出一切諸莊嚴雲**하며 **摩尼寶王**이

조요기간 종종화향 처처영만 기수 부
照耀其間하며 **種種華香**이 **處處盈滿**하며 **其樹**에 **復**

출미묘음성 설제여래일체겁중소수대원
出微妙音聲하야 **說諸如來一切劫中所修大願**하니라

"또 각각 사천하 미진수 같은 온갖 보배로 된 수림樹林이 차례로 줄을 지어 서 있는데, 낱낱 나무에서는 온갖 장엄구름을 항상 내며, 마니보석왕이 그 사이를 밝

게 비추느니라. 또 갖가지 꽃향기가 곳곳에서 넘쳐나며, 그 나무에서는 또 미묘한 소리를 내어 모든 여래의 일체 겁 동안 닦으신 큰 서원을 연설하느니라."

땅이 있고, 바다가 있고, 다시 강이 있고, 언덕이 있다면 그 강과 강 사이의 언덕은 반드시 민둥산이 아니라 수림이 울창할 것이다. 그 낱낱 수림에는 온갖 장엄구름이 피어나리라. 또 커다란 마니보석들이 그 수림 사이사이에서 빛을 발하고 있다. 가지가지 꽃과 향이 흘러넘치고 있다. 더하여 그 수림에서 아름다운 음성으로 여래가 오랜 세월 동안 수행하신 서원의 이야기며 보리심을 일으키신 이야기며 존재의 실상에 대한 깨달음의 설법이 저절로 들려 오고 있다.

2) 마니보석왕 장엄

復散種種摩尼寶王하야 充徧其地하니 所謂蓮
_{부 산 종 종 마 니 보 왕} _{충 변 기 지} _{소 위 연}

華輪摩尼寶王과 香焰光雲摩尼寶王과 種種嚴
飾摩尼寶王과 現不可思議莊嚴色摩尼寶王과
日光明衣藏摩尼寶王과 周徧十方普垂布光網
雲摩尼寶王과 現一切諸佛神變摩尼寶王과 現
一切衆生業報海摩尼寶王이라 如是等이 有世界
海微塵數하니 其香水河兩間之地에 一一悉具如
是莊嚴하니라

"다시 또 가지가지 마니보석왕을 흩어서 그 땅에 가득 채웠으니, 이른바 연꽃바퀴마니보석왕과 향불꽃광명구름마니보석왕과 가지가지로 장엄한 마니보석왕과 불가사의한 장엄빛을 나타내는 마니보석왕과 햇빛광명옷창고마니보석왕과 시방에 두루 하게 광명그물구름을 널리 펼치는 마니보석왕과 일체 모든 부처님의 신통변화를 나타내는 마니보석왕과 일체 중생들의 업보의 바다를 나타내는 마니보석왕들이니라. 이와 같은 것이 세계바다 미진수가 있으니 그 향수하의 양쪽 사이의 땅에 낱낱이 다 이와 같은 장엄을 갖추었느니라."

강과 강 사이에 땅이 있고 그 땅에는 가지가지 마니보석왕들을 가득 채워 깔았다. 경에서는 가끔 왕王 자를 붙여서 표현하는 경우가 있다. 왕이란 마니보석 중에서 대단히 크고 뛰어난 것을 의미한다. 보리수왕王이라고 하면 수많은 보리수나무 중에서 대단히 크고 뛰어나 보이는 보리수를 지칭한다. 마니보석왕들은 모두 다 그 이름이 있다. 이와 같은 마니보석왕들을 모든 향수하 사이사이에 있는 땅에 낱낱이 다 가득가득 깔았다.

3) 게송으로 거듭 밝히다

이시 보현보살 욕중선기의 승불신력
爾時에 **普賢菩薩**이 **欲重宣其義**하사 **承佛神力**

하사 觀察十方하고 而說頌言하사대
관찰시방　　이설송언

그때에 보현보살이 그 뜻을 거듭 펴려고 부처님의 위신력을 받들어 시방을 관찰하고 게송을 설하였습니다.

(1) 수림樹林의 장엄

其地平坦極淸淨하니　眞金摩尼共嚴飾이요
기지평탄극청정　　　진금마니공엄식

諸樹行列蔭其中하니　聳幹垂條萃若雲이로다
제수항렬음기중　　　용간수조췌약운

그 땅이 평탄하고 지극히 청정하니
진금眞金과 마니로 함께 장식하였네.
온갖 나무가 늘어서서 그늘 지우니
솟은 줄기 드리운 가지 구름 같도다.

향수하의 사이사이에 땅이 있고 그 땅에 수림이 있는데 그 수림의 장엄을 게송으로 다시 밝혔다. 그 땅은 평탄하고 지극히 청정하며 진금과 마니보석들로 꾸며져 있다. 그와 같은 땅 위에 수림이 줄을 서서 그늘을 지우니 줄기는 솟아 있고 가지들은 드리워져서 마치 구름같이 펼쳐져 있다.

   지 조 묘 보 소 장 엄   화 염 성 륜 광 사 조
   枝條妙寶所莊嚴에   **華焰成輪光四照**어든

   마 니 위 과 여 운 포   보 사 시 방 상 현 도
   摩尼爲果如雲布하야   **普使十方常現覩**로다

나뭇가지들은 아름다운 보배로 장엄하였고
꽃빛은 둘레가 되어 사방을 비추는데
마니보석으로 된 과일들이 구름처럼 펼쳐져 있어
온 시방에서 항상 환히 보게 하네.

 나무들이 모여 숲을 이루고 있다. 그 많은 나무는 가지마다 아름다운 보배로 장엄하였다. 꽃들은 빛을 발하여 사방을 돌아 가면서 밝게 비추고 있다. 또 나무에는 구름이 뒤덮은 듯 과일이 열렸는데 모두가 마니보석이다. 그와 같은 모습을 시방에서 항상 환하게 보게 하였다.

마 니 포 지 개 충 만　　중 화 보 말 공 장 엄
摩尼布地皆充滿이어든　**衆華寶末共莊嚴**하고

부 이 마 니 작 궁 전　　실 현 중 생 제 영 상
復以摩尼作宮殿하야　**悉現衆生諸影像**이로다

마니보석을 땅에 깔아 다 충만하며

온갖 꽃과 보석가루로 장엄하였고

또 마니보석으로 궁전을 만들어

중생들의 모든 그림자를 다 나타내네.

　

땅에는 마니보석이 깔려 있고 또 다른 보석의 가루들로 아름답게 장엄하였다. 그리고 또 마니보석으로 궁전을 지었는데 그 궁전에는 중생들의 영상이 모두 나타나 있다.

제 불 영 상 마 니 왕　　보 산 기 지 미 부 주
諸佛影像摩尼王을　**普散其地靡不周**하니

여 시 혁 혁 변 시 방　　일 일 진 중 함 견 불
如是赫奕徧十方하야　**一一塵中咸見佛**이로다

모든 부처님의 영상인 마니보석왕을

五. 화장세계품華藏世界品 1

그 땅에 널리 흩어 두루두루 하였으니
이와 같이 혁혁하게 시방에 두루 하여
낱낱 먼지 속에서 부처님을 보도다.

묘보장엄선분포
妙寶莊嚴善分布하고

진주등망상간착
眞珠燈網相間錯이어든

처처실유마니륜
處處悉有摩尼輪하야

일일개현불신통
一一皆現佛神通이로다

아름다운 보석 장엄이 잘 널려 있고
진주로 된 등불과 그물이 섞이었는데
곳곳에 다 마니보석바퀴가 있어서
낱낱이 부처님의 신통을 다 나타내도다.

중보장엄방대광
衆寶莊嚴放大光하고

광중보현제화불
光中普現諸化佛하니

일일주행미불변
一一周行靡不徧하사

실이십력광개연
悉以十力廣開演이로다

온갖 보석장엄이 큰 광명을 놓고
광명 속에서 여러 화신 부처님을 두루 나타내니
낱낱이 두루 행하여 가득하사
모두가 열 가지 힘으로 널리 연설하도다.

　마니보석왕에는 하나하나마다 모두 부처님의 영상이 들어 있다. 그러한 마니보석왕을 땅에 두루두루 흩어서 혁혁하게 시방을 빛내고 있다. 그래서 낱낱 먼지 속에서도 부처님을 볼 수 있다. 땅에 깔린 그 많고 많은 마니보석들에서 다시 부처님의 신통을 나타내고, 또한 온갖 보석장엄이 큰 광명을 놓고, 광명 속에서는 여러 화신 부처님을 두루 나타내 보인다. 화엄경을 이해하는 사람들은 그렇게 나타난 부처님을 확연하게 보고 느낀다. 이와 같은 사실들을 모두 보고 누려야 하리라.

(2) 흰 연꽃

| 마니묘보분타리 | 일체수중함변만 |
| **摩尼妙寶芬陀利**가 | **一切水中咸徧滿**호대 |

| 기화종종각부동 | 실현광명무진헐 |
| **其華種種各不同**하야 | **悉現光明無盡歇**이로다 |

아름다운 마니보석으로 피어난 흰 연꽃이

일체 물속에 다 가득하되

그 꽃이 가지가지로 각각 같지 않아서

모두 다 광명을 놓아 다함이 없도다.

아름다운 마니보석으로 피어난 연꽃이 향수해든 향수하든 물이 있는 곳에는 가득가득 피어 있다. 그 꽃의 모양도 가지가지다. 송이송이마다 얼마나 아름답고 빛이 나는지 눈이 부시다. 부처님이 깨달으신 진리의 가르침은 한 글자 한 구절이 이와 같이 빛난다. 화엄경의 설법이 이와 같이 눈이 부시다.

(3) 장엄의 원인

삼 세 소 유 제 장 엄　　　　　마 니 과 중 개 현 현
三世所有諸莊嚴이　　　　　**摩尼果中皆顯現**호대

체 성 무 생 불 가 취　　　　　차 시 여 래 자 재 력
體性無生不可取니　　　　　**此是如來自在力**이로다

과거 현재 미래의 모든 장엄이

마니보석 열매 속에 다 나타나되

체성體性은 남[生]이 없어 취하지 못하니

이것은 여래의 자재한 힘이로다.

　

　과거 현재 미래의 모든 장엄이란 곧 삼세에 걸쳐 존재하는 화장장엄세계다. 그 모든 장엄이 마니보석 안에 다 나타나고 하나의 작은 먼지 속에 다 나타나지만, 그 세계의 체성은 생기는 것도 아니고 소멸하는 것도 아니다. 그러므로 취하려고 해도 취할 수 없고 버리려고 해도 버릴 수 없다. 이와 같은 이치는 진리가 당연히 이와 같으며 존재의 실상이 당연히 이와 같기 때문이다.

차지일체장엄중　　　　　실현여래광대신
此地一切莊嚴中에　　　**悉現如來廣大身**호대

피역불래역불거　　　　　불석원력개령견
彼亦不來亦不去니　　　**佛昔願力皆令見**이로다

이 땅의 모든 장엄 가운데

여래의 광대한 몸을 다 나타내되

그는 오지도 않고 가지도 않으니

부처님의 옛적 원력으로 다 보게 하네.

이 땅의 일체 장엄 가운데 여래의 광대한 몸이 다 나타남을 밝혔다. 장엄은 곧 여래의 다른 표현이다. 그러나 오는 것도 아니고 가는 것도 아니며 머무름도 아니다. 부처님의 옛적 원력과 수행이 이와 같다.

차지일일미진중　　　　　일체불자수행도
此地一一微塵中에　　　**一切佛子修行道**하야

각견소기당래찰　　　　　수기의락실청정
各見所記當來刹이　　　**隨其意樂悉淸淨**이로다

이 땅의 낱낱 작은 먼지 속에
모든 불자가 도道를 수행해서
제각각 수기授記 받은 미래 세계가
그 마음에 좋아함을 따라서 다 청정함을 보도다.

앞에서는 "모든 장엄이 마니보석 안에 다 나타나지만, 그 세계의 체성은 생기는 것도 아니고 소멸하는 것도 아니다."라고 하였다. 또 "이 땅의 일체 장엄 가운데 여래의 광대한 몸이 다 나타난다."고도 하였다. 이 게송에서는 "낱낱 작은 먼지 속에 일체 불자가 도를 수행해서 수기를 받는 미래 세계를 다 본다."고 하였다. 법계에 존재하는 모든 것은 연기적 관계 속에 있으며 서로서로 영향을 미치며 존재한다는 사실을 밝혔다. 우리 모두 서로서로 소통하면서 살아가야 한다는 뜻이리라.

10. 장엄을 모두 맺다

1) 공덕으로 장엄한 것

爾時_에 普賢菩薩_이 復告大衆言_{하사대} 諸佛子_야
諸佛世尊_의 世界海莊嚴_이 不可思議_니 何以故_오
諸佛子_야 此華藏莊嚴世界海_의 一切境界_가 一一
皆以世界海微塵數淸淨功德之所莊嚴_{일새니라}

그때에 보현보살이 다시 대중들에게 말하였습니다. "모든 불자들이여, 모든 부처님 세존의 세계바다 장엄이 불가사의하니 무슨 까닭인가. 모든 불자들이여, 이 화장장엄세계바다의 일체 경계가 낱낱이 다 세계바다 미진수의 청정한 공덕으로 장엄한 것이니라."

그동안 세계바다의 그 화려하고 청정한 장엄에 대하여 장황하게 설명한 것을 다시 총체적으로 정리하였다. 세계바다의 장엄은 한마디로 불가사의한데 그 까닭이 어디에 있는가. 화장장엄세계의 일체 경계는 하나하나가 모두 다 세계바다 미진수와 같은 청정한 공덕의 소산이라고 하였다. 즉 부처님이 예전에 수행하신 온갖 공덕의 결과라는 것이다.

부유하게 사는 사람은 온갖 물질적인 것을 부유하게 누리며 살고, 공부를 많이 한 사람은 그 공부의 결과에 알맞은 생활 환경을 누리며 산다. 물질적으로 가난한 사람 역시 그에 알맞은 생활 환경을 누리며 사는 이치이다. 그 모든 것은 원인과 결과의 법칙에 근거한 것이다. 인과의 법칙은 연기의 법칙이기도 하고 존재 현상의 실상이기도 하다.

2) 게송으로 거듭 밝히다

爾時에 普賢菩薩이 欲重宣其義하사 承佛神力
이시   보현보살   욕중선기의   승불신력

하사 觀察十方하고 而說頌言하사대
관찰시방   이설송언

그때에 보현보살이 그 뜻을 거듭 펴려고 부처님의 위신력을 받들어 시방을 관찰하고 게송을 설하였습니다.

(1) 장엄과 수승殊勝

此刹海中一切處가　　悉以衆寶爲嚴飾이라
차찰해중일체처　　　실이중보위엄식

發焰騰空布若雲하니　光明洞徹常彌覆로다
발염등공포약운　　　광명통철상미부

이 세계바다의 모든 곳에는
모두 다 온갖 보배로 장엄하였고
불꽃을 하늘 높이 내어 구름처럼 펼치니
광명이 밝게 사무쳐 항상 덮고 있네.

열 개의 게송 중 앞의 여섯 게송은 여래 수행 결과의 장엄과 그 작용의 수승함을 밝혔다. 화장세계의 장엄을 다시 열거하는데 내용은 같으나 언어의 표현은 모두 다르다. 화엄경의 화려하고 현란한 표현은 진정 화엄경만이 가능한 일이다.

　　마니토운무유진　　　　시방불영어중현
　　摩尼吐雲無有盡하니　　**十方佛影於中現**이라

　　신통변화미잠정　　　　일체보살함래집
　　神通變化靡暫停하시니　**一切菩薩咸來集**이로다

마니가 구름을 토해 내어 끝이 없는데
시방의 부처님 그림자가 그 속에 나타나서
신통변화가 잠깐도 쉬지 않으니
일체 보살들이 다 와서 모였도다.

　　일체마니연불음　　　　기음미묘부사의
　　一切摩尼演佛音하니　　**其音美妙不思議**라

　　비로자나석소행　　　　어차보내항문견
　　毘盧遮那昔所行을　　　**於此寶內恒聞見**이로다

온갖 마니보석이 부처님의 음성을 내니
그 소리 아름답고 묘해서 불가사의하네.

비로자나 부처님의 옛적 수행을
이 보석 안에서 늘 듣고 보도다.

향수해와 향수하의 주변 땅에는 마니보석이 지천으로 깔려 있고, 그 모든 보석마다에서 부처님의 설법 소리가 난다. 그 소리는 아름답고 미묘해서 참으로 불가사의하다. 마니보석에서 들려 오는 설법 소리는 옛적 비로자나 부처님이 수행하신 내용들이다. 하필이면 마니보석이겠는가. 산천초목 두두물물 어디에선들 들리지 않겠는가.

청정광명변조존
淸淨光明徧照尊이

장엄구중개현영
莊嚴具中皆現影호대

변화분신중위요
變化分身衆圍繞하야

일체찰해함주변
一切刹海咸周徧이로다

청정한 광명을 두루 비추시는 세존이
장엄거리 속에 그림자를 나타내되
변화한 분신을 대중들이 둘러싸고
일체 세계바다에 다 두루 하였네.

세존은 청정한 진리의 가르침의 광명을 세상을 향해 두루 비추시는 분이다. 그러므로 그와 같은 가르침이 있는 곳에는 언제나 세존이 계신다. 여래는 곧 진리의 가르침이며 세상을 비추는 밝은 등불이다. 그래서 경전을 법신사리라 한다. 가르침을 배우고 따르는 대중들은 언제나 세존을 에워싸고 회상을 이룬다.

소 유 화 불 개 여 환
所有化佛皆如幻하시니　**求其來處不可得**이로대
구 기 래 처 불 가 득

이 불 경 계 위 신 력
以佛境界威神力으로　**一切刹中如是現**이로다
일 체 찰 중 여 시 현

화신 부처님은 모두 환영과 같으시니
그 오신 곳을 찾을 길 없네.
부처님의 경계와 위신력으로
일체 세계에도 이와 같이 나타났도다.

여래 자 재 신 통 사　　　　실 변 시 방 제 국 토
如來自在神通事가　　　　**悉徧十方諸國土**하시니

이 차 찰 해 정 장 엄　　　　일 체 개 어 보 중 현
以此刹海淨莊嚴하야　　　**一切皆於寶中現**이로다

여래의 자재하시며 신통하신 일이

시방의 모든 국토에 다 두루 하시니

이 세계바다를 청정하게 장엄하여

모두가 다 보석 속에 나타났도다.

화장세계의 장엄과 부처님의 화현 등 모든 현상들이 한 세계에서만 나타나는 것이 아니라 일체 세계에서도 이와 같이 나타났다. 다시 또 일체의 보석에도 다 나타났다.

(2) 인因에 대한 과果

시 방 소 유 제 변 화　　　　일 체 개 여 경 중 상
十方所有諸變化여　　　　**一切皆如鏡中像**하니

단 유 여 래 석 소 행　　　　신 통 원 력 이 출 생
但由如來昔所行하야　　　**神通願力而出生**이로다

시방에 있는 모든 변화가
일체가 다 거울 속의 그림자 같으니
다만 여래의 옛적 행한 것을 말미암아
신통과 원력으로 출생하였네.

공덕 장엄의 원인을 밝힌 내용 중에 모든 것은 그 원인에 의한 결과라고 하였는데 다시 여래의 옛적 행한 것을 말미암아 신통과 원력으로 출생하였다고 하였다.

약유능수보현행 　　　　 입어보살승지해
若有能修普賢行하야　 **入於菩薩勝智海**면

능어일체미진중 　　　　 보현기신정중찰
能於一切微塵中에　　 **普現其身淨衆刹**이로다

만약 능히 보현보살의 행을 닦아서
보살의 훌륭한 지혜의 바다에 들어가면
능히 일체 작은 먼지 속에서
그 몸과 청정한 세계를 널리 나타내도다.

보현보살의 행을 닦는 것은 보살의 수승한 지혜의 바다에 들고자 함이다. 수승한 지혜의 바다에 들어가면 일체의 작은 먼지 속에서 그 몸과 청정한 온갖 세계를 널리 나타내게 된다. 보현행원을 닦는 목적도 지혜에 들어가기 위함이다. 지혜를 성취하는 것이 불법의 근본임을 밝혔다.

    불 가 사 의 억 대 겁　　　　친 근 일 체 제 여 래
    不可思議億大劫에　　　**親近一切諸如來**일새

    여 기 일 체 지 소 행　　　　일 찰 나 중 실 능 현
    如其一切之所行을　　　**一刹那中悉能現**이로다

불가사의한 억대겁億大劫 동안

일체 모든 여래를 친근하여

그 모든 행하신 것을

한 찰나 속에 다 나타내도다.

    제 불 국 토 여 허 공　　　　무 등 무 생 무 유 상
    諸佛國土如虛空하야　　**無等無生無有相**이어늘

위 리 중 생 보 엄 정 　　　본 원 력 고 주 기 중
爲利衆生普嚴淨하사 　　**本願力故住其中**이로다

모든 부처님의 국토가 허공과 같아서
짝도 없고 생멸도 없고 형상도 없으나
중생들을 이익하게 하려고 널리 엄정하사
본래의 원력으로 그 가운데 머물도다.

길고 화려한 세계 장엄에 대한 설법을 마쳤다. 불가사의한 억대겁億大劫 동안 일체 모든 여래를 친근하여 행하신 일이 얼마나 많겠는가. 그 많고 많은 수행의 일과 일체 장엄을 한 찰나 속에 다 나타낸다고 하였다. 일념이 곧 무량겁이고 무량겁이 곧 일념인 이치에서 바라보면 그것은 항다반사恒茶飯事이리라. 세계의 장엄을 밝히면서 존재의 원융무애성圓融無礙性과 사사무애성事事無礙性을 떠나지 않고 있음을 겸하여 밝혔다.

11. 세계종 世界種

1) 세계종의 세계

_{이시} _{보현보살} _{부고대중언} _{제불자}
爾時에 **普賢菩薩**이 **復告大衆言**하사대 **諸佛子**야

_{차중} _{유하등세계주} _{아금당설} _{제불자}
此中에 **有何等世界住**오 **我今當說**호리라 **諸佛子**야

_{차십불가설불찰미진수향수해중} _{유십불가}
此十不可說佛刹微塵數香水海中에 **有十不可**

_{설불찰미진수세계종} _{안주} _{일일세계종}
說佛刹微塵數世界種이 **安住**어든 **一一世界種**에

_{부유십불가설불찰미진수세계}
復有十不可說佛刹微塵數世界하니라

그때에 보현보살이 다시 대중들에게 말하였습니다. "모든 불자들이여, 이 가운데 어떠한 세계가 머무는지를 내가 이제 마땅히 말하리라. 모든 불자들이여, 이 십

불가설+不可說의 부처님세계 미진수 같은 향수해 가운데 십불가설의 부처님세계 미진수 같은 세계종世界種이 안주해 있느니라. 또 그 낱낱 세계종에는 다시 또 십불가설의 부처님세계 미진수 같은 세계가 있느니라."

그동안 화장장엄세계의 장엄을 밝혔고, 이제 그와 같이 아름답고 화려한 이상세계가 얼마나 많이 있는가를 밝혔다. 세계종世界種이란 마치 어떤 식물이 한 덩어리의 열매에 무수한 여러 개의 종자를 함유하고 있는 것과 같이 그 하나하나의 세계종에 다시 무수한 세계가 있다는 것을 표현한 말이다. 그래서 '세계종의 세계'라고 하였다. 마치 식물이나 동물이나 사람이나 그들 하나하나의 세포에는 또 완전한 식물과 동물과 사람을 함유하고 있고, 또 그것을 형성하고 있는 하나하나의 세포에도 역시 그와 같이 있는 것과 같다.

이와 같은 화장장엄세계가 얼마나 많은가. "십불가설의 부처님세계 미진수 같은 향수해 가운데 십불가설의 부처님세계 미진수 같은 세계종이 안주해 있고 또 그 낱낱 세계종에는 다시 또 십불가설의 부처님세계 미진수 같은 세계가 있느니라."라고 하였다. '십불가설의 부처님세계 미진수'란, 말로써 가히 설명할 수 없으리만치 많은 세계가 작은 먼지 숫자처럼 있는데 그와 같은 것이 열 개라는 뜻이다. 그와 같은 수의 향수해에 낱낱 향수해마다 또 그와 같은 수의 세계종이 있고, 그 낱낱 세계종마다 또다시 그와 같은 수의 세계, 즉 우리가 사는 지구가 있다는 뜻이다. 참으로 무량 무량 무량이며, 무한 무한 무한이며, 무변 무변 무변이라고밖에 달리 설명할 길이 없다.

2) 세계종世界種의 십문十門

諸佛子야 彼諸世界種이 於世界海中에 各各依住며 各各形狀이며 各各體性이며 各各方所며 各各趣入이며 各各莊嚴이며 各各分齊며 各各行列이며 各

各無差別이며 各各力加持니라
각무차별　　각각력가지

"모든 불자들이여, 저 모든 세계종이 세계바다 가운데서 각각으로 의지하여 머무름[依住]이며, 각각의 형상形狀이며, 각각의 체성體性이며, 각각의 방소方所며, 각각으로 취입趣入하며, 각각의 장엄莊嚴이며, 각각의 한계[分齊]며, 각각의 항렬行列이며, 각각의 무차별無差別이며, 각각의 힘으로 가지加持하느니라."

화장장엄세계바다에 무수히 많은 세계종이 있고, 그중에 하나의 세계종은 또 무수한 세계를 함유하고 있는 세계군이다. 그런데 각각의 세계종에는 각각 열 가지의 내용이 있다. 그것이 세계종의 10문이다. 즉 무엇을 의지하여 머무는가, 형상은 어떤가, 체성은 또 무엇으로 되었는가, 방소는 어느 곳인가, 취입趣入은 무엇인가, 장엄은, 한계는, 항렬은, 무차별은, 힘으로 가피하여 지니는 것은 등이다. 아래에 몇 가지를 설명하였다.

3) 세계종의 10종 의주依住

제불자 차세계종 혹유의대연화해주
諸佛子야 **此世界種**이 **或有依大蓮華海住**하며

혹유의무변색보화해주 혹유의일체진주
或有依無邊色寶華海住하며 **或有依一切眞珠**

장보영락해주 혹유의향수해주 혹유의
藏寶瓔珞海住하며 **或有依香水海住**하며 **或有依**

일체화해주 혹유의마니보망해주 혹유
一切華海住하며 **或有依摩尼寶網海住**하며 **或有**

의선류광해주 혹유의보살보장엄관해주
依漩流光海住하며 **或有依菩薩寶莊嚴冠海住**하며

혹유의종종중생신해주 혹유의일체불음성
或有依種種衆生身海住하며 **或有依一切佛音聲**

마니왕해주 여시등 약광설자 유세계해
摩尼王海住하니 **如是等**을 **若廣說者**인댄 **有世界海**

미진수
微塵數하니라

"모든 불자들이여, 이 세계종이 혹은 큰 연꽃바다를 의지하여 머물며, 혹은 끝없는 빛의 보석꽃바다를 의지

하여 머물며, 혹은 온갖 진주창고인 보배영락바다를 의지해서 머물며, 혹은 향수해를 의지해서 머물며, 혹은 온갖 꽃바다를 의지해서 머물며, 혹은 마니보석그물바다를 의지해서 머물며, 혹은 소용돌이치는 광명바다를 의지해서 머물며, 혹은 보살의 보배로 장엄한 관冠바다를 의지해서 머물며, 혹은 가지가지 중생들의 몸바다를 의지해서 머물며, 혹은 일체 부처님의 음성을 내는 마니왕바다를 의지해서 머무느니라. 이와 같은 것을 만약 널리 말하면 세계바다 미진수의 머무름이 있느니라."

위에서 설명한 세계종들이 열 가지로 의지해서 머문다. 혹은 큰 연꽃바다와 혹은 끝없는 빛의 보석꽃바다와 혹은 온갖 진주창고인 보배영락바다 등등이다. 일체 사물이나 모든 존재는 서로서로 의지해서 머문다. 의지해서 머무는 것 중에는 아주 가까운 조건들에서 먼 조건에 이르기까지 수많은 인연들이 있다.

4) 세계종의 20종 형상

諸佛子_야 彼一切世界種_이 或有作須彌山形_{하며}

或作江河形_{하며} 或作廻轉形_{하며} 或作漩流形_{하며}

或作輪輞形_{하며} 或作壇墠形_{하며} 或作樹林形_{하며}

或作樓閣形_{하며} 或作山幢形_{하며} 或作普方形_{하니라}

"모든 불자들이여, 저 온갖 세계종이 혹은 수미산의 형상을 지으며, 혹은 강하의 형상을 지으며, 혹은 회전하는 형상을 지으며, 혹은 소용돌이쳐 흐르는 형상을 지으며, 혹은 수레바퀴의 형상을 지으며, 혹은 제사 지내는 단壇의 형상을 지으며, 혹은 수림樹林의 형상을 지으며, 혹은 누각의 형상을 지으며, 혹은 산의 깃대 형상을 지으며, 혹은 넓고 모난 형상을 짓느니라."

或作胎藏形하며 或作蓮華形하며 或作佉勒迦形하며 或作衆生身形하며 或作雲形하며 或作諸佛相好形하며 或作圓滿光明形하며 或作種種珠網形하며 或作一切門闥形하며 或作諸莊嚴具形하니 如是等을 若廣說者인댄 有世界海微塵數하니라

"또 혹은 태胎 속의 형상을 지으며, 혹은 연꽃의 형상을 지으며, 혹은 대바구니[佉勒迦]의 형상을 지으며, 혹은 중생들의 몸의 형상을 지으며, 혹은 구름 형상을 지으며, 혹은 모든 부처님의 상호相好의 형상을 지으며, 혹은 원만한 광명의 형상을 지으며, 혹은 갖가지 구슬그물의 형상을 지으며, 혹은 온갖 문의 형상을 지으며, 혹은 모든 장엄거리의 형상을 짓느니라. 이와 같은 것을 만약 널리 말하면 세계바다 미진수의 형상이 있느니라."

세계종의 형상이 얼마나 다양한지 20종이나 소개하였

다. 단선형壇墠形이란 나라에서 제사를 지낼 때 들판에 흙을 높이 쌓아서 만드는 그 단의 형상이다. 또 거륵가형佉勒迦形이란 번역하면 죽천竹篅이다. 대로 만든 바구니와 같은 형상이다. 여기에 소개한 20종류뿐만이 아니라 자세히 설명하면 세계바다 미진수와 같이 많다고 하였다.

5) 세계종의 20종 체성

諸佛子_야 彼一切世界種_이 或有以十方摩尼
雲爲體_{하며} 或有以衆色焰爲體_{하며} 或有以諸光
明爲體_{하며} 或有以寶香焰爲體_{하며} 或有以一切
寶莊嚴多羅華爲體_{하며} 或有以菩薩影像爲體_{하며}
或有以諸佛光明爲體_{하며} 或有以佛色相爲體_{하며}

혹유이일보광위체　　혹유이중보광위체
或有以一寶光爲體하며 **或有以衆寶光爲體**하나라

　"모든 불자들이여, 저 온갖 세계종이 혹은 시방의 마니구름으로 체성이 되며, 혹은 여러 색깔 불꽃으로 체성이 되며, 혹은 모든 광명으로 체성이 되며, 혹은 보배 향불꽃으로 체성이 되며, 혹은 온갖 보배로 장엄한 다라多羅꽃으로 체성이 되며, 혹은 보살의 영상으로 체성이 되며, 혹은 모든 부처님의 광명으로써 체성이 되며, 혹은 부처님의 빛과 형상으로써 체성이 되며, 혹은 한 가지 보배광명으로 체성이 되며, 혹은 여러 가지 보배광명으로 체성이 되었느니라."

혹유이일체중생복덕해음성위체　　혹유이
或有以一切衆生福德海音聲爲體하며 **或有以**

일체중생제업해음성위체　　혹유이일체불경
一切衆生諸業海音聲爲體하며 **或有以一切佛境**

계청정음성위체　　혹유이일체보살대원해음
界淸淨音聲爲體하며 **或有以一切菩薩大願海音**

聲爲體하며 或有以一切佛方便音聲爲體하며 或
有以一切刹莊嚴具成壞音聲爲體하며 或有以無
邊佛音聲爲體하며 或有以一切佛變化音聲爲體
하며 或有以一切衆生善音聲爲體하며 或有以一
切佛功德海淸淨音聲爲體하니 如是等을 若廣說
者인댄 有世界海微塵數하니라

"혹은 일체 중생의 복덕바다음성으로써 체성이 되며, 혹은 온갖 중생들의 모든 업바다음성으로써 체성이 되며, 혹은 모든 부처님 경계의 청정한 음성으로써 체성이 되며, 혹은 모든 보살들의 큰 서원바다음성으로써 체성이 되며, 혹은 모든 부처님의 방편 음성으로써 체성이 되며, 혹은 온갖 세계의 장엄거리가 이루어지고 무너지는 음성으로써 체성이 되며, 혹은 끝없는 부처님의 음성으로써 체성이 되며, 혹은 모든 부처님의 변화하는 음성으로써 체성이 되며, 혹은 모든 중생들의 선한 음성으로써 체성이 되며, 혹은 모든 부처님의 공덕바다 청정한 음성으로써 체성이 되었느니라. 이와 같은 것을 만약 널리 말하면 세계바다 미진수의 체성이 있느니라."

세계종의 20종 체성을 밝혔는데 앞의 10종은 색상이 체성이 되었음을 밝혔고, 뒤의 10종은 음성으로 체성이 되었음을 밝혔다.

6) 게송으로 거듭 밝히다

爾時에 普賢菩薩이 欲重宣其義하사 承佛神力하사 觀察十方하고 而說頌言하사대

그때에 보현보살이 그 뜻을 거듭 펴려고 부처님의 위신력을 받들어 시방을 관찰하고 게송을 설하였습니다.

(1) 의주依住

<small>찰 종 견 고 묘 장 엄</small>　　　　　<small>광 대 청 정 광 명 장</small>
刹種堅固妙莊嚴이여　　**廣大淸淨光明藏**이

<small>의 지 연 화 보 해 주</small>　　　　　<small>혹 유 주 어 향 해 등</small>
依止蓮華寶海住하며　　**或有住於香海等**이로다

세계종의 견고하고 아름다운 장엄은

광대하고 청정한 광명의 창고라

연꽃보배바다를 의지해서 머물며

혹은 향수해를 의지하여 머물러 있네.

(2) 형상

<small>수 미 성 수 단 선 형</small>　　　　　<small>일 체 찰 종 변 시 방</small>
須彌城樹壇墠形인　　**一切刹種徧十方**이어든

<small>종 종 장 엄 형 상 별</small>　　　　　<small>각 각 포 열 이 안 주</small>
種種莊嚴形相別하야　　**各各布列而安住**로다

수미산, 성곽, 나무, 단선壇墠들의 형상인

일체 세계종이 시방에 두루 한데

가지가지 장엄과 형상이 달라

각각으로 나열하여 안주하였네.

(3) 체성

혹유체시정광명　　　혹시화장급보운
或有體是淨光明이요　**或是華藏及寶雲**이며

혹유찰종염소성　　　안주마니불괴장
或有刹種焰所成이라　**安住摩尼不壞藏**이로다

혹 체성이 청정한 광명이며

혹은 꽃창고며 보석구름이며

혹 어떤 세계종은 불꽃이 되어

마니보석의 무너지지 않는 창고에 안주하네.

등운염채광명등　　　종종무변청정색
燈雲焰彩光明等이여　**種種無邊淸淨色**이며

혹유언음이위체　　　시불소연부사의
或有言音以爲體하니　**是佛所演不思議**로다

등불구름과 불꽃채색광명들이며

가지가지 그지없는 청정한 색이며

혹은 음성으로써 체성이 되었으니

이것은 부처님이 연설하신 부사의로다.

혹시원력소출음   신변음성위체성
或是願力所出音과   **神變音聲爲體性**하니

일체중생대복업   불공덕음역여시
一切衆生大福業과   **佛功德音亦如是**로다

혹은 원력으로 나온 음성과

신통변화의 음성으로 체성이 되니

일체 중생의 큰 복업福業과

부처님의 공덕 음성이 이와 같도다.

(4) 서로 섭입攝入함

찰종일일차별문   불가사의무유진
刹種一一差別門이   **不可思議無有盡**이라

여시시방개변만   광대장엄현신력
如是十方皆徧滿하니   **廣大莊嚴現神力**이로다

세계종의 낱낱 차별한 문이

불가사의하여 다함이 없네.

이와 같이 시방에 다 가득하니

광대한 장엄이 신력神力으로 나타났네.

시방소유광대찰	실래입차세계종
十方所有廣大刹이	**悉來入此世界種**하니
수견시방보입중	이실무래무소입
雖見十方普入中이나	**而實無來無所入**이로다

시방에 있는 광대한 세계가

이 세계종에 다 와서 들어오니

비록 시방이 그 속에 들어옴을 보나

실은 옴도 없고 들어감도 없도다.

이일찰종입일체	일체입일역무여
以一刹種入一切하며	**一切入一亦無餘**하니
체상여본무차별	무등무량실주변
體相如本無差別이라	**無等無量悉周徧**이로다

한 세계종이 일체에 들어가며

일체가 하나에 들어가되 남음이 없으니

체상體相은 본래대로 차별이 없음이라

짝도 없고 한량없어 두루 하도다.

게송에서 의주와 형상과 체성을 밝히고 나서 화엄의 종지인 원융무애와 사사무애가 보여 주는 호상섭입互相攝入을 특별히 밝혔다. 한 세계가 일체 세계에 들어가고 일체 세계가 한 세계에 들어간다. 또 일—과 다多가 서로 들어가되 다 들어가도 들어감이 없다. 만약 들어가기만 하면 연기의 이치가 무너지고, 만약 들어가지 못하면 성품의 작용이 무너진다. 그러므로 들어가되 들어감이 없고 들어감이 없이 들어간다. 즉 현재의 눈앞에 보이는 현상들이 다른 모든 현상들 속에 서로서로 들어가면서 그 현상들을 조금도 파괴하지 않는 이치이다. 다시 말하면 눈에 보이는 현상들은 그대로이나 그 현상들의 본성은 서로서로 섭입이 되어 원융무애하다는 것이다. 예컨대 인연의 바람에 의하여 가지가지 물결을 일으키지만 물의 본체는 늘 그대로 하나인 상태와 같다.

(5) 중생 조복

일 체 국 토 미 진 중
一切國土微塵中에

보 견 여 래 재 기 소
普見如來在其所하사

원 해 언 음 약 뢰 진
願海言音若雷震하야

일 체 중 생 실 조 복
一切衆生悉調伏이로다

일체 국토의 작은 먼지 속에
여래가 그곳에 있음을 널리 보니
원력 바다의 말씀 소리가 우레와 같아서
일체 중생들을 다 조복하도다.

화엄경의, 작은 하나의 먼지 속에 일체 국토가 있고 다시 여래가 그곳에 계시고 여래의 원력의 가르침이 우레같이 들린다는 것은 그 목적이 중생 교화에 있다. 제도나 교화나 조복이나 모두가 같은 의미이다. 어떤 미묘한 이치라도 중생 교화가 빠지면 그것은 아무런 의미가 없다.

(6) 불보살 충만

불 신 주 변 일 체 찰　　　무 수 보 살 역 충 만
佛身周徧一切刹하시며　　**無數菩薩亦充滿**하니

여 래 자 재 무 등 륜　　　보 화 일 체 제 함 식
如來自在無等倫하사　　**普化一切諸含識**이로다

부처님의 몸은 온갖 세계에 두루 하시며
수없는 보살들도 또한 충만하니

여래의 자재하심이 짝할 이 없으사
일체 모든 중생들을 널리 교화하도다.

　부처님의 몸이 일체 세계에 두루 하고 다시 보살들도 충만하다면 일체 세계는 그대로 부처님이요, 보살들이다. 그렇다. 화엄경의 안목으로는 삼라만상과 산천초목과 두두물물이 모두가 부처님이요, 보살들이다. 다시 말하면 보이는 것과 보이지 않는 것이 모두가 불보살이요, 들리는 소리와 들리지 않는 소리가 모두 부처님의 설법이다. 여래는 이와 같이 자재하시어 일체 중생을 널리 교화하신다.

12. 화장세계의 규모 1

1) 향수해의 소재

爾時_에 普賢菩薩_이 復告大衆言_{하사대} 諸佛子_야
此十不可說佛刹微塵數香水海_가 在華藏莊嚴
世界海中_{호대} 如天帝網_{하야} 分布而住_{하니라}

그때에 보현보살이 다시 대중들에게 말하였습니다. "모든 불자들이여, 이 십불가설十不可說의 부처님세계 미진수 같은 향수해가 화장장엄세계바다 가운데 있는데 제석천의 그물과 같이 펼쳐져서 머물러 있느니라."

이제부터 화장장엄세계바다의 규모를 설명한다. 먼저 그 소재를 밝혔다. 화장장엄세계가 너무 넓어서 언제나 바다라는 말을 덧붙인다. 그래서 화장장엄세계바다라 한다. 그와 같이 무한히 넓은 세계 전체를 화장장엄세계바다라 하고 다시 축소하여 하나의 세계에 초점을 맞춰서 설명하자면 먼저 맨 밑에 풍륜이 있고 풍륜 위에 향수해가 있다. 물론 풍륜 밑에는 공륜空輪이다. 그 향수해 위에 큰 연꽃이 있고, 연꽃 위에 큰 땅이 있다. 그 땅을 돌아가면서 대윤위산이 둘러쳐져 있다. 다시 그 땅에는 두 번째 향수해가 있다. 향수해에는 땅과 수림과 향수하가 무수히 있고 무수한 장엄들이 펼쳐져서 그 아름다움에 숨이 멎을 것 같은 광경이다. 이 모든 것을 줄여서 위의 경문과 같이 요약하였다.

2) 중앙의 무변향수해

(1) 연화장엄蓮華莊嚴

제불자야 차최중앙향수해가 명무변묘화광이라
諸佛子야 **此最中央香水海**가 **名無邊妙華光**이라

이현일체보살형마니왕당으로 위저하고 출대연
以現一切菩薩形摩尼王幢으로 **爲底**하고 **出大蓮**

華하니 名一切香摩尼王莊嚴이요 有世界種이 而住
其上하니 名普照十方熾然寶光明이라 以一切莊
嚴具로 爲體하야 有不可說佛刹微塵數世界가 於
中布列하니라

"모든 불자들이여, 이 가장 중앙에 있는 향수해는 이름이 무변묘화광無邊妙華光이니라. 모든 보살들의 형상을 나타내는 마니왕깃대로써 바닥이 되었으며, 큰 연꽃이 나 있으니 이름이 일체향마니왕장엄一切香摩尼王莊嚴이니라. 세계종이 그 위에 머물러 있으니 이름이 보조시방치연보광명普照十方熾然寶光明이니라. 일체 장엄거리로써 체성이 되어 불가설의 부처님세계 미진수 같은 세계가 그 가운데 펼쳐져 있느니라."

여기서 가장 중앙에 있는 무변묘화광無邊妙華光향수해란 대윤위산 안에 있는 향수해다. 이 향수해에 또 큰 연꽃이 나 있으니 이름이 일체향마니왕장엄一切香摩尼王莊嚴이다. 그 연꽃 위에 드디어 보조시방치연보광명普照十方熾然寶光明이라는 세계종이 있다. 이 세계종이 일체 장엄거리로써 체성이 되어 불가설의 부처님세계 미진수 같은 세계가 그 가운데 펼쳐져 있다.

(2) 20층의 세계

1〉 제1층에서 제10층

〈1〉 제1층

其最下方에 有世界하니 名最勝光徧照라 以一切金剛莊嚴光耀輪으로 爲際하고 依衆寶摩尼華而住하니 其狀이 猶如摩尼寶形하야 一切寶華莊嚴雲으로 彌覆其上하고 佛刹微塵數世界가 周帀圍繞

하야 種種安住하며 種種莊嚴하니 佛號는 淨眼離垢
燈이시니라
(종종안주) (종종장엄) (불호) (정안이구등)

"그 가장 밑에 세계가 있으니 이름이 최승광변조最勝光偏照니라. 일체 다이아몬드로 장엄하여 빛이 찬란한 바퀴로써 변제邊際가 되고, 온갖 보석마니꽃을 의지해서 머무느니라. 그 형상은 마치 마니보배의 형상과 같아서 온갖 보배꽃으로 장엄한 구름이 그 위를 덮고, 부처님세계의 미진수 같은 세계가 두루 에워싸서 가지가지로 안주하며 가지가지로 장엄하였으니 그 세계 부처님의 명호는 정안이구등淨眼離垢燈이시니라."

먼저 20층의 세계를 10층 또 10층으로 나누어서 읽는다. 그중에 제1층의 세계를 설명하였다. 이름과 장엄과 둘레와 의지하여 머무름과 형상과 그 위를 덮음과 그 세계에 계시는 부처님의 명호를 밝히는 것으로 간략히 소개하였다. 이하의 모든 층을 이와 같은 순서대로 동일하게 소개하고 있다.

〈2〉 제2층

此上에 過佛刹微塵數世界하야 有世界하니 名
種種香蓮華妙莊嚴이라 以一切莊嚴具로 爲際하고
依寶蓮華網而住하니 其狀이 猶如獅子之座하야 一
切寶色珠帳雲으로 彌覆其上하고 二佛刹微塵數
世界가 周帀圍繞하니 佛號는 獅子光勝照이시니라

"이 위에 다시 부처님세계의 미진수 세계를 지나서 또 세계가 있으니 이름이 종종향연화묘장엄種種香蓮華妙莊嚴이니라. 일체 장엄거리로 변제가 되고 보배연꽃그물을 의지해서 머물며, 그 형상은 마치 사자좌 같아서 온갖 보석빛 나는 구슬휘장구름으로 그 위를 덮었느니라. 두 부처님세계의 미진수 세계가 두루 에워쌌으니 부처님의 명호는 사자광승조獅子光勝照이시니라."

매 층마다 한 층을 올라갈 때마다 중심 세계를 에워싸는 세계의 수가 늘어난다. 제1층에서는 "부처님세계의 미진수 같은 세계가 두루 에워쌌다."라고 하였으나 제2층에는 "두 부처님세계의 미진수 세계가 두루 에워쌌다."라고 하였다. 이와 같이 위로 올라갈수록 중심 세계를 에워싸는 세계의 수가 한 개씩 늘어난다. 이 점을 기준으로 해서 층수를 이해하면 된다. 인간 세상의 건축물과는 반대이다. 보통 인간 세상의 건축물은 밑이 넓고 위가 좁은데 화장세계는 밑이 좁고 위가 넓다.

〈3〉 제3층

此上에 過佛刹微塵數世界하야 有世界하니 名
차 상   과불찰미진수세계   유세계   명

一切寶莊嚴普照光이라 以香風輪으로 爲際하고 依
일 체 보 장 엄 보 조 광   이 향 풍 륜   위 제   의

種種寶華瓔珞住하니 其形이 八隅라 妙光摩尼日
종 종 보 화 영 락 주   기 형   팔 우   묘 광 마 니 일

輪雲으로 而覆其上하고 三佛刹微塵數世界가 周
륜 운   이 부 기 상   삼 불 찰 미 진 수 세 계   주

$$\underset{\text{잡위요}}{\text{币圍繞}}\text{하니 }\underset{\text{불호}}{\text{佛號}}\text{는 }\underset{\text{정광지승당}}{\text{淨光智勝幢}}\text{이시니라}$$

"이 위에 다시 부처님세계의 미진수 세계를 지나서 또 세계가 있으니 이름이 일체보장엄보조광一切寶莊嚴普照光이니라. 향기풍륜風輪으로 변제가 되고, 갖가지 보석꽃영락을 의지해서 머물며, 그 형상은 여덟모며, 아름다운 빛마니일륜日輪구름으로 그 위를 덮고, 세 부처님세계의 미진수 세계가 두루 에워쌌으니, 부처님의 명호는 정광지승당淨光智勝幢이시니라."

〈4〉 제4층

此上에 過佛刹微塵數世界하야 有世界하니 名

種種光明華莊嚴이라 以一切寶王으로 爲際하고 依

衆色金剛尸羅幢海住하니 其狀이 猶如摩尼蓮華

하야 以金剛摩尼寶光雲으로 而覆其上하고 四佛刹

미진수세계 주잡위요   순일청정   불호
微塵數世界가 **周帀圍繞**하야 **純一淸淨**하니 **佛號**는

금강광명무량정진력선출현
金剛光明無量精進力善出現이시니라

 "이 위에 다시 부처님세계의 미진수 세계를 지나서 또 세계가 있으니, 이름이 종종광명화장엄種種光明華莊嚴이니라. 일체 보석왕으로 변제가 되고, 온갖 빛깔 나는 금강시라金剛尸羅 깃대바다를 의지해서 머물며, 그 형상은 마치 마니로 된 연꽃과 같으며, 금강마니보석빛구름으로 그 위를 덮고, 네 부처님세계의 미진수 세계가 두루 에워싸 순일하게 청정하니, 부처님의 명호는 금강광명무량정진력선출현金剛光明無量精進力善出現이시니라."

〈5〉 제5층

 차상   과불찰미진수세계   유세계   명보
此上에 **過佛刹微塵數世界**하야 **有世界**하니 **名普**

방묘화광   이일체보령장엄망   위제   의
放妙華光이라 **以一切寶鈴莊嚴網**으로 **爲際**하고 **依**

一切樹林莊嚴寶輪網海住하니 其形이 普方而多
有隅角이라 梵音摩尼王雲으로 以覆其上하고 五佛
刹微塵數世界가 周帀圍繞하니 佛號는 香光喜力
海이시니라

"이 위에 다시 부처님세계의 미진수 세계를 지나서 또 세계가 있으니, 이름이 보방묘화광普放妙華光이니라. 온갖 보석방울이 장엄된 그물로 변제가 되고, 온갖 숲이 장엄된 보석바퀴그물바다를 의지해서 머물며, 그 형상은 넓고 방정하며 모가 많은데, 범천의 음성마니왕구름으로 그 위를 덮고, 다섯 부처님세계의 미진수 세계가 두루 에워쌌으며, 부처님의 명호는 향광희력해香光喜力海이시니라."

⟨6⟩ 제6층

此上에 過佛刹微塵數世界하야 有世界하니 名淨
妙光明이라 以寶王莊嚴幢으로 爲際하고 依金剛宮
殿海住하니 其形이 四方이라 摩尼輪髻帳雲으로 而覆
其上하고 六佛刹微塵數世界가 周帀圍繞하니 佛號는
普光自在幢이시니라

"이 위에 다시 부처님세계의 미진수 세계를 지나서 또 세계가 있으니, 이름이 정묘광명淨妙光明이니라. 보석왕장엄깃대로 변제가 되고, 금강궁전바다를 의지해서 머물며, 그 형상은 네모났으며, 마니바퀴상투휘장구름으로 그 위를 덮고, 여섯 부처님세계의 미진수 세계가 두루 에워쌌으며, 부처님의 명호는 보광자재당普光自在幢이시니라."

⟨7⟩ 제7층

此_차上_상에 過_과佛_불刹_찰微_미塵_진數_수世_세界_계하야 有_유世_세界_계하니 名_명

衆_중華_화焰_염莊_장嚴_엄이라 以_이種_종種_종華_화莊_장嚴_엄으로 爲_위際_제하고 依_의一_일

切_체寶_보色_색焰_염海_해住_주하니 其_기狀_상이 猶_유如_여樓_누閣_각之_지形_형하야 一_일切_체

寶_보色_색衣_의眞_진珠_주欄_난楯_순雲_운으로 而_이覆_부其_기上_상하고 七_칠佛_불刹_찰微_미

塵_진數_수世_세界_계가 周_주帀_잡圍_위繞_요하야 純_순一_일淸_청淨_정하니 佛_불號_호는 歡_환

喜_희海_해功_공德_덕名_명稱_칭自_자在_재光_광이시니라

"이 위에 다시 부처님세계의 미진수 세계를 지나서 또 세계가 있으니, 이름이 중화염장엄衆華焰莊嚴이니라. 가지가지 꽃장엄으로 변제가 되고, 온갖 보석빛갈불꽃바다를 의지해서 머물며, 그 형상은 마치 누각의 형상과 같아서, 온갖 보석빛의복진주난간구름으로 그 위를 덮고, 일곱 부처님세계의 미진수 세계가 두루 에워쌌으며 순일하게 청정하니, 부처님의 명호는 환희해공덕명

칭자재광歡喜海功德名稱自在光이시니라."

⟨8⟩ 제8층

此上에 過佛刹微塵數世界하야 有世界하니 名
出生威力地라 以出一切聲摩尼王莊嚴으로 爲際
하고 依種種寶色蓮華座虛空海住하니 其狀이 猶如
因陀羅網하야 以無邊色華網雲으로 而覆其上하고
八佛刹微塵數世界가 周帀圍繞하니 佛號는 廣大
名稱智海幢이시니라

"이 위에 다시 부처님세계의 미진수 세계를 지나서 또 세계가 있으니, 이름이 출생위력지出生威力地니라. 온갖 소리를 내는 마니왕장엄으로 변제가 되고, 갖가지 보배빛연꽃자리허공바다를 의지해서 머물며, 그 형상은 마치 인다라因陀羅의 그물과 같아서, 그지없는 빛의 꽃그물구름으로 그 위를 덮고, 여덟 부처님세계의 미진수 세계가 두루 에워쌌으며, 부처님의 명호는 광대명칭지해당廣大名稱智海幢이시니라."

〈9〉 제9층

此上에 過佛刹微塵數世界하야 有世界하니 名
차상   과불찰미진수세계   유세계   명

出妙音聲이라 以心王摩尼莊嚴輪으로 爲際하고 依
출묘음성   이심왕마니장엄륜   위제   의

恒出一切妙音聲莊嚴雲摩尼王海住하니 其狀이
항출일체묘음성장엄운마니왕해주   기상

猶如梵天身形하야 無量寶莊嚴獅子座雲으로 而
유여범천신형   무량보장엄사자좌운   이

覆其上하고 九佛刹微塵數世界가 周帀圍繞하니 佛
부기상   구불찰미진수세계   주잡위요   불

號는 淸淨月光明相無能摧伏이시니라
호   청정월광명상무능최복

"이 위에 다시 부처님세계의 미진수 세계를 지나서 다시 세계가 있으니, 이름이 출묘음성出妙音聲이니라. 심왕心王마니로 장엄한 바퀴로써 변제가 되고, 온갖 미묘한 음성을 항상 내는 장엄구름마니왕바다를 의지해서 머물며, 그 형상은 범천의 몸 형상과 같아서, 한량없는 보배로 장엄한 사자좌구름으로 그 위를 덮고, 아홉 부처님세계의 미진수 세계가 두루 에워쌌으며, 부처님의 명호는 청정월광명상무능최복淸淨月光明相無能摧伏이시니라."

〈10〉 제10층

此上에 過佛刹微塵數世界하야 有世界하니 名

金剛幢이라 以無邊莊嚴眞珠藏寶瓔珞으로 爲際하고

依一切莊嚴寶獅子座摩尼海住하니 其狀이 周圓

이라 十須彌山微塵數一切香摩尼華須彌雲으로

미부기상   십불찰미진수세계   주잡위요
彌覆其上하고 十佛刹微塵數世界가 周帀圍繞하야

순일청정   불호   일체법해최승왕
純一淸淨하니 佛號는 一切法海最勝王이시니라

 "이 위에 다시 부처님세계의 미진수 세계를 지나서 또 세계가 있으니, 이름이 금강당金剛幢이니라. 끝없이 장엄한 진주창고보배영락으로 변제가 되고, 온갖 장엄보배사자좌마니바다를 의지해서 머물며, 그 형상은 두루 둥글며, 열 수미산 미진수의 온갖 향마니꽃수미구름으로 그 위를 덮고, 열 부처님세계의 미진수 세계가 두루 에워쌌으며 순일하게 청정하니, 부처님의 명호는 일체법해최승왕一切法海最勝王이시니라."

2) 제11층에서 제20층

〈1〉제11층

차상   과불찰미진수세계   유세계   명항
此上에 過佛刹微塵數世界하야 有世界하니 名恒

출현제청보광명   이극견뢰불가괴금강장엄
出現帝靑寶光明이라 以極堅牢不可壞金剛莊嚴

으로 爲際하고 依種種殊異華海住하니 其狀이 猶如
牛月之形하야 諸天寶帳雲으로 而覆其上하고 十一
佛刹微塵數世界가 周帀圍繞하니 佛號는 無量功
德法이시니라

 "이 위에 다시 부처님세계의 미진수 세계를 지나서
또 세계가 있으니, 이름이 항출현제청보광명恒出現帝青寶光
明이니라. 지극히 견고하여 깨뜨릴 수 없는 금강장엄으
로 변제가 되고, 갖가지 특수한 꽃바다를 의지해서 머
물며, 그 형상은 마치 반달의 모양과 같아서, 모든 하늘
의 보배휘장구름으로 그 위를 덮고, 열한 부처님세계의
미진수 세계가 두루 에워쌌으며, 부처님의 명호는 무량
공덕법無量功德法이시니라."

(2) 제12층

此上에 過佛刹微塵數世界하야 有世界하니 名
光明照耀라 以普光莊嚴으로 爲際하고 依華旋香
水海住하니 狀如華旋이라 種種衣雲으로 而覆其上
하고 十二佛刹微塵數世界가 周帀圍繞하니 佛號는
超釋梵이시니라

"이 위에 다시 부처님세계의 미진수 세계를 지나서 다시 세계가 있으니, 이름이 광명조요光明照耀니라. 널리 빛나는 장엄으로 변제가 되고, 꽃으로 둘러 있는 향수해를 의지해서 머물며, 형상은 꽃으로 두른 것 같고, 갖가지 옷구름으로 그 위를 덮었으며, 열두 부처님세계의 미진수 세계가 두루 에워쌌으니, 부처님의 명호는 초석범超釋梵이시니라."

〈3〉 제13층의 사바세계

此上에 過佛刹微塵數世界하야 至此世界하니 名
娑婆라 以金剛莊嚴으로 爲際하고 依種種色風輪
所持蓮華網住하니 狀如虛空이라 以普圓滿天宮
殿莊嚴虛空雲으로 而覆其上하고 十三佛刹微塵
數世界가 周帀圍繞하니 其佛은 卽是毘盧遮那如
來世尊이시니라

"이 위에 다시 부처님세계의 미진수 세계를 지나서 다시 세계가 있으니, 이름이 사바娑婆니라. 금강장엄으로 변제가 되고, 갖가지 색깔 풍륜으로 유지하는 연꽃 그물을 의지해서 머물며, 형상은 허공과 같고, 넓고 원만한 하늘궁전으로 장엄한 허공구름으로 그 위를 덮고, 열세 부처님세계의 미진수 세계가 두루 에워쌌으니, 그 부처님은 곧 비로자나여래세존毘盧遮那如來世尊이시니라."

우리가 사는 사바세계가 있는 제13층이다. 사바세계 주변에 "열세 부처님세계의 미진수 세계가 두루 에워쌌다."고 하였다. 예컨대 지구를 열세 개나 부수어 아주 작은 먼지로 만들었을 때 그 수효와 같이 많은 세계들이 두루 에워쌌다는 뜻이다. 오늘날의 표현으로 말하면 우리가 보는 저 은하계보다 몇 억 배나 많은 수의 또 다른 은하계가 이 사바세계를 중심으로 둘러싸고 있다는 뜻이리라. 몇 억 광년의 거리를 가야 그 끝에 닿을는지. 보현보살의 대각大覺이라는 눈으로 보고 대각이라는 교통수단을 이용하여 갈 수밖에 없는 아득한 거리다.

〈4〉제14층

차상 과불찰미진수세계 유세계 명
此上에 **過佛刹微塵數世界**하야 **有世界**하니 **名**

적정이진광 이일체보장엄 위제 의종
寂靜離塵光이라 **以一切寶莊嚴**으로 **爲際**하고 **依種**

종보의해주 기상 유여집금강형 무변색
種寶衣海住하니 **其狀**이 **猶如執金剛形**하야 **無邊色**

금강운 이부기상 십사불찰미진수세계
金剛雲으로 **而覆其上**하고 **十四佛刹微塵數世界**가

주잡위요 불호 변법계승음
周帀圍繞하니 **佛號**는 **徧法界勝音**이시니라

 "이 위에 다시 부처님세계의 미진수 세계를 지나서 또 세계가 있으니, 이름이 적정이진광寂靜離塵光이니라. 온갖 보배장엄으로 변제가 되고, 갖가지 보배옷바다를 의지해서 머물며, 그 형상은 마치 집금강執金剛의 형상과 같으며, 그지없는 빛금강구름으로 그 위를 덮고, 열네 부처님세계의 미진수 세계가 두루 에워쌌으며, 부처님의 명호는 변법계승음徧法界勝音이시니라."

〈5〉 제15층

차상 과불찰미진수세계 유세계 명
此上에 **過佛刹微塵數世界**하야 **有世界**하니 **名**

중묘광명등 이일체장엄장 위제 의정
衆妙光明燈이라 **以一切莊嚴帳**으로 **爲際**하고 **依淨**

화망해주 기상 유여만자지형 마니수향
華網海住하니 **其狀**이 **猶如卍字之形**하야 **摩尼樹香**

水海雲으로 而覆其上하고 十五佛刹微塵數世界가 周帀圍繞하야 純一淸淨하니 佛號는 不可摧伏力普照幢이시니라

"이 위에 다시 부처님세계의 미진수 세계를 지나서 또 세계가 있으니, 이름이 중묘광명등眾妙光明燈이니라. 온갖 장엄휘장으로 변제가 되고, 깨끗한 꽃그물바다를 의지해서 머물며, 그 형상은 마치 만卍 자의 모양과 같고, 마니나무향수해구름으로 그 위를 덮고, 열다섯 부처님세계의 미진수 세계가 두루 에워쌌으며 순일하게 청정하니, 부처님의 명호는 불가최복력보조당不可摧伏力普照幢이시니라."

〈6〉 제16층

此上에 過佛刹微塵數世界하야 有世界하니 名

청정광변조　이무진보운마니왕　　위제　　의
淸淨光徧照라 以無盡寶雲摩尼王으로 爲際하고 依

종종향염연화해주　　기상　유여귀갑지형
種種香焰蓮華海住하니 其狀이 猶如龜甲之形하야

원광마니륜전단운　　이부기상　　십육불찰
圓光摩尼輪栴檀雲으로 而覆其上하고 十六佛刹

미진수세계　주잡위요　　불호　청정일공덕
微塵數世界가 周帀圍繞하니 佛號는 淸淨日功德

안
眼이시니라

"이 위에 다시 부처님세계의 미진수 세계를 지나서 또 세계가 있으니, 이름이 청정광변조淸淨光徧照니라. 다함이 없는 보배구름마니왕으로 변제가 되고, 갖가지 향불꽃연꽃바다를 의지해서 머물며, 그 형상은 마치 거북의 껍질 모양 같으며, 둥근 빛마니바퀴전단구름으로 그 위를 덮고, 열여섯 부처님세계의 미진수 세계가 두루 에워쌌으니, 부처님의 명호는 청정일공덕안淸淨日功德眼이시니라."

〈7〉 제17층

此上에 過佛刹微塵數世界하야 有世界하니 名
寶莊嚴藏이라 以一切衆生形摩尼王으로 爲際하고
依光明藏摩尼王海住하니 其形이 八隅라 以一切
輪圍山寶莊嚴華樹網으로 彌覆其上하고 十七佛
刹微塵數世界가 周帀圍繞하니 佛號는 無礙智光
明徧照十方이시니라

"이 위에 다시 부처님세계의 미진수 세계를 지나서 또 세계가 있으니, 이름이 보장엄장寶莊嚴藏이니라. 온갖 중생들의 형상인 마니왕으로 변제가 되고, 광명창고마니왕바다를 의지해서 머물며, 그 형상은 여덟모며, 모든 윤위산輪圍山보배장엄꽃나무의 그물로 그 위를 덮고, 열일곱 부처님세계의 미진수 세계가 두루 에워쌌으니, 부처님의 명호는 무애지광명변조시방無礙智光明徧照十方이시니라."

⟨8⟩ 제18층

此上에 過佛刹微塵數世界하야 有世界하니 名
離塵이라 以一切殊妙相莊嚴으로 爲際하고 依衆妙
華獅子座海住하니 狀如珠瓔이라 以一切寶香摩
尼王圓光雲으로 而覆其上하고 十八佛刹微塵數
世界가 周帀圍繞하야 純一淸淨하니 佛號는 無量方
便最勝幢이시니라

"이 위에 다시 부처님세계의 미진수 세계를 지나서 또 세계가 있으니 이름이 이진離塵이니라. 일체 수승하고 아름다운 모양의 장엄으로 변제가 되고, 온갖 묘한 꽃사자좌바다를 의지해서 머물며, 형상은 진주영락과 같으며, 일체 보석향마니의 원만한 빛구름으로 그 위를 덮고, 열여덟 부처님세계의 미진수 세계가 두루 에워쌌으며 순일하게 청정하니, 부처님의 명호는 무량방편최승당無量方便最勝幢이시니라."

〈9〉 제19층

此上에 過佛刹微塵數世界하야 有世界하니 名

淸淨光普照라 以出無盡寶雲摩尼王으로 爲際하고

依無量色香焰須彌山海住하니 其狀이 猶如寶華

旋布하야 以無邊色光明摩尼王帝靑雲으로 而覆

其上하고 十九佛刹微塵數世界가 周帀圍繞하니 佛

號는 普照法界虛空光이시니라

"이 위에 다시 부처님세계의 미진수 세계를 지나서

또 세계가 있으니, 이름이 청정광보조淸淨光普照니라. 다함없는 보배구름을 내는 마니왕으로 변제가 되고, 한량없는 빛의 향기불꽃수미산바다를 의지해서 머물며, 그 형상은 마치 보석꽃을 둘러 편 듯하며, 끝없는 색의 광명마니왕제청구름으로 그 위를 덮고, 열아홉 부처님세계의 미진수 세계가 두루 에워쌌으니, 부처님의 명호는 보조법계허공광普照法界虛空光이시니라."

〈10〉 제20층

此上에 過佛刹微塵數世界하야 有世界하니 名

妙寶焰이라 以普光明日月寶로 爲際하고 依一切

諸天形摩尼王海住하니 其狀이 猶如寶莊嚴具하야

以一切寶衣幢雲과 及摩尼燈藏網으로 而覆其上

하고 二十佛刹微塵數世界가 周帀圍繞하야 純一淸

淨하니 佛號는 福德相光明이시니라

"이 위에 다시 부처님세계의 미진수 세계를 지나서 또 세계가 있으니, 이름이 묘보염妙寶焰이니라. 널리 광명 비치는 일월日月의 보배로 변제가 되고, 일체 모든 하늘 형상의 마니왕바다를 의지해서 머물며, 그 형상은 마치 보배장엄거리와 같으며, 온갖 보배옷깃대구름과 마니로 된 등불창고그물로 그 위를 덮고, 스무 부처님세계의 미진수 세계가 두루 에워쌌으며 순일하게 청정하니, 부처님의 명호는 복덕상광명福德相光明이시니라."

(3) 총결론

諸佛子야 此徧照十方熾然寶光明世界種에 有 如是等不可說佛刹微塵數廣大世界하야 各各所 依住와 各各形狀과 各各體性과 各各方面과 各各

취입   각각장엄   각각분제   각각항렬   각각
趣入과 **各各莊嚴**과 **各各分齊**와 **各各行列**과 **各各**

무 차 별   각각력가지   주잡위요
無差別과 **各各力加持**가 **周帀圍繞**하니라

"모든 불자들이여, 이 변조시방치연보광명徧照十方熾然寶光明세계종에 이와 같은 것이 말할 수 없이 많은 부처님세계의 미진수 같은 넓고 큰 세계가 있어서, 각각으로 의지하여 머무름과 각각의 형상과 각각의 체성과 각각의 방면方面과 각각의 취입趣入함과 각각의 장엄과 각각의 한계와 각각의 항렬과 각각의 무차별과 각각의 힘으로 가지加持함이 두루 에워쌌느니라."

화장장엄세계바다에는 무수히 많은 세계종이 있는데 그 중에서 가장 중앙에 있는 변조시방치연보광명세계종 하나를 간단하게 설명하였다. 이 세계종은 20층으로 되어 있었다. 우리가 처한 사바세계는 제13층이었다. 낱낱의 세계는 각각의 의주와 각각의 형상과 각각의 체성과 방면과 취입과 장엄과 한계 등이 두루두루 에워싸고 있음을 밝혔다.

(4) 세계의 종종형상

所謂十佛刹微塵數迴轉形世界와 十佛刹微
塵數江河形世界와 十佛刹微塵數漩流形世界와
十佛刹微塵數輪輞形世界와 十佛刹微塵數壇
墠形世界와 十佛刹微塵數樹林形世界와 十佛
刹微塵數樓觀形世界와 十佛刹微塵數尸羅幢
形世界와 十佛刹微塵數普方形世界와 十佛刹
微塵數胎藏形世界와

"이른바 열 부처님세계의 미진수인 회전하는 형상의 세계와, 열 부처님세계의 미진수인 강하 형상의 세계와, 열 부처님세계의 미진수인 소용돌이치며 흐르는 형상의 세계와, 열 부처님세계의 미진수인 수레바퀴 형상의 세계와, 열 부처님세계의 미진수인 제단祭壇 형상의 세계와, 열 부처님 세계의 미진수인 수림樹林 형상의 세계와, 열 부처님세계의 미진수인 누각 형상의 세계와, 열 부처님세계의 미진수인 보옥寶玉으로 만든 깃대 형상의 세계와, 열 부처님세계의 미진수인 넓게 모난 형상의 세계와, 열 부처님세계의 미진수인 태胎 속 형상의 세계들이니라."

十佛刹微塵數蓮華形世界와 十佛刹微塵數佉勒迦形世界와 十佛刹微塵數種種衆生形世界와 十佛刹微塵數佛相形世界와 十佛刹微塵數圓光形世界와 十佛刹微塵數雲形世界와 十佛刹微塵數網形世界와 十佛刹微塵數門闥形世界라 如是等이 有不可說佛刹微塵數니라

"또 열 부처님세계의 미진수인 연꽃 형상의 세계와, 열 부처님세계의 미진수인 대바구니[佉勒迦] 형상의 세계와, 열 부처님세계의 미진수인 갖가지 중생 형상의 세계와, 열 부처님세계의 미진수인 부처님 형상의 세계와, 열 부처님세계의 미진수인 둥근 광명 형상의 세계와, 열 부처님세계의 미진수인 구름 형상의 세계와, 열 부처님세계의 미진수인 그물 형상의 세계와, 열 부처님세계의 미진수인 문 형상의 세계들이니라. 이와 같은 것이 말할 수 없는 부처님세계의 미진수가 있느니라."

此一一世界ᅠ에 各有十佛刹微塵數廣大世界ᅠ가
차 일 일 세 계　　각 유 십 불 찰 미 진 수 광 대 세 계

周帀圍繞ᅠ하고 此諸世界ᅠ에 一一復有如上所說微
주 잡 위 요　　차 제 세 계　　일 일 부 유 여 상 소 설 미

塵數世界ᅠ하야 而爲眷屬ᅠ하니 如是所說一切世界ᅠ가
진 수 세 계　　이 위 권 속　　여 시 소 설 일 체 세 계

皆在此無邊妙華光香水海ᅠ와 及圍繞此海香水
개 재 차 무 변 묘 화 광 향 수 해　　급 위 요 차 해 향 수

하 중
河中하니라

 "이 낱낱 세계에 각각 열 부처님세계의 미진수 같은 넓고 큰 세계가 두루 에워쌌으며, 이 모든 세계에 낱낱이 또 위에서 말한 것과 같은 미진수의 세계가 있어서 권속이 되었으니, 이와 같이 말한 일체 세계가 다 이 무변묘화광無邊妙華光향수해와 이 향수해를 에워싼 향수하香水河 가운데에 있느니라."

 세계의 종종형상을 설명하는 것 가운데 일일이 '열 부처님세계의 미진수'라고 하였다. 즉 열 개의 지구를 작은 먼지로 만들었을 때 그 작은 먼지 수와 같이 많고 많은 숫자라는 뜻이다. 그와 같이 많은 세계들이 각양각색의 형상으로 말할 수 없는 부처님세계의 미진수가 있다고 하였다. 그리고 대윤위산 안에 있는 무변향수해에 대해서 언급하였는데 대윤위산에서 향수하가 흘러나와서 다시 무변향수해를 에워싸고 있다는 뜻을 밝혔다. 화장장엄세계를 그림으로 그릴 때 반드시 참고해야 할 내용이다.

이 모든 화장장엄세계는 인간이 이르러 갈 수 있는 최궁극의 정신세계인 비로자나 부처님의 경지, 대각大覺의 경지에서 보고, 느끼고, 누리고, 수용하는 세계들이다. 그러므로 우리도 모두 우리가 이르러 갈 수 있는 최궁극의 정신세계에 이르면 화장장엄세계를 지금 여기에서 보고, 느끼고, 누리고, 수용하게 될 것이다. 굳이 보이저와 같은 느림보 우주탐사선을 타고 몇 억만 광년의 거리를 갈 필요가 있겠는가. 화엄경의 안목이라면 무량겁의 시간을 일념에 가고 오는 이치가 있으므로 비록 몇 억만 광년의 거리라 하더라도 그 역시 일념의 거리밖에 되지 않는다.

화장세계품 1 끝

〈제8권 끝〉

華嚴經 構成表

分次	周次			内容	品數	會次
舉果勸樂生信分 (信)	所信因果周			如來依正	世主妙嚴品 第一 如來現相品 第二 普賢三昧品 第三 世界成就品 第四 華藏世界品 第五 毘盧遮那品 第六	初會
修因契果生解分 (解)	差別因果周	差別因		十信	如來名號品 第七 四聖諦品 第八 光明覺品 第九 菩薩問明品 第十 淨行品 第十一 賢首品 第十二	二會
				十住	昇須彌山頂品 第十三 須彌頂上偈讚品 第十四 十住品 第十五 梵行品 第十六 初發心功德品 第十七 明法品 第十八	三會
				十行	昇夜摩天宮品 第十九 夜摩天宮偈讚品 第二十 十行品 第二十一 十無盡藏品 第二十二	四會
				十廻向	昇兜率天宮品 第二十三 兜率宮中偈讚品 第二十四 十廻向品 第二十五	五會
				十地	十地品 第二十六	六會
				等覺	十定品 第二十七 十通品 第二十八 十忍品 第二十九 阿僧祇品 第三十 如來壽量品 第三十一 菩薩住處品 第三十二	七會
		差別果		妙覺	佛不思議法品 第三十三 如來十身相海品 第三十四 如來隨好光明功德品 第三十五	
	平等因果周	平等因			普賢行品 第三十六	
		平等果			如來出現品 第三十七	
托法進修成行分 (行)	成行因果周			二千行門	離世間品 第三十八	八會
依人證入成德分 (證)	證入因果周			證果法門	入法界品 第三十九	九會

(資料：文殊經典研究會)

會場	放光別	會主	入定別	說法別舉
菩提場	遮那放齒光眉間光	普賢菩薩為會主	入毘盧藏身三昧	如來依正法
普光明殿	世尊放兩足輪光	文殊菩薩為會主	此會不入定．信未入位故	十信法
忉利天宮	世尊放兩足指光	法慧菩薩為會主	入無量方便三昧	十住法門
夜摩天宮	如來放兩足趺光	功德林菩薩為會主	入菩薩善思惟三昧	十行法門
兜率天宮	如來放兩膝輪光	金剛幢菩薩為會主	入菩薩智光三昧	十迴向法門
他化天宮	如來放眉間毫相光	金剛藏菩薩為會主	入菩薩大智慧光明三昧	十地法門
再會普光明殿	如來放眉間口光	如來為會主	入刹那際三昧	等妙覺法門
三會普光明殿	此會佛不放光．表行依解法依解光故	普賢菩薩為會主	入佛華莊嚴三昧	二千行門
祇陀園林	放眉間白毫光	如來善友為會主	入獅子頻申三昧	果法門

如天 無比

1943년 영덕에서 출생하였다. 1958년 출가하여 덕흥사, 불국사, 범어사를 거쳐 1964년 해인사 강원을 졸업하고 동국역경연수원에서 수학하였다. 10여 년 선원생활을 하고 1976년 탄허 스님에게 화엄경을 수학하고 전법, 이후 통도사 강주, 범어사 강주, 은해사 승가대학원장, 대한불교조계종 교육원장, 동국역경원장, 동화사 한문불전승가대학 원장 등을 역임하였다.

2018년 5월에는 수행력과 지도력을 갖춘 승랍 40년 이상 되는 스님에게 품서되는 대종사 법계를 받았다. 현재 부산 문수선원 문수경전연구회에서 150여 명의 스님과 300여 명의 재가 신도들에게 화엄경을 강의하고 있다. 또한 다음 카페 '염화실'(http://cafe.daum.net/yumhwasil)을 통해 '모든 사람을 부처님으로 받들어 섬김으로써 이 땅에 평화와 행복을 가져오게 한다.'는 인불사상人佛思想을 펼치고 있다.

저서로 『무비 스님의 유마경 강설』(전 3권), 『대방광불화엄경 실마리』, 『무비 스님의 왕복서 강설』, 『무비 스님이 풀어 쓴 김시습의 법성게 선해』, 『법화경 법문』, 『신금강경 강의』, 『직지 강설』(전 2권), 『법화경 강의』(전 2권), 『신심명 강의』, 『임제록 강설』, 『대승찬 강설』, 『당신은 부처님』, 『사람이 부처님이다』, 『이것이 간화선이다』, 『무비 스님과 함께하는 불교공부』, 『무비 스님의 증도가 강의』, 『일곱 번의 작별인사』, 무비 스님이 가려 뽑은 명구 100선 시리즈(전 4권) 등이 있고 편찬하고 번역한 책으로 『화엄경(한글)』(전 10권), 『화엄경(한문)』(전 4권), 『금강경 오가해』 등이 있다.

대방광불화엄경 강설 제8권

| **초판 1쇄 발행**_ 2014년 7월 27일
| **초판 4쇄 발행**_ 2025년 6월 25일

| **지은이**_ 여천 무비(如天 無比)
| **펴낸이**_ 오세룡
| **편집**_ 박성화 손미숙 윤예지 정연주
| **기획**_ 곽은영
| **디자인**_ 고혜정 김효선 최지혜
| **홍보 마케팅**_ 정성진
| **펴낸곳**_ 담앤북스
　　　서울특별시 종로구 새문안로3길 23 경희궁의 아침 4단지 805호
　　　대표전화 02)765-1250(편집부) 02)765-1251(영업부) 전자우편 dhamenbooks@naver.com
　　　출판등록 제300-2011-115호
| ISBN　978-89-98946-28-9　04220

정가 14,000원

ⓒ 무비스님 2014